Caroline Deiß

Geheimnisvolle
Rauhnächte

Caroline Deiß

Geheimnisvolle Rauhnächte

RITUALE, REZEPTE,
RÄUCHERANLEITUNGEN
FÜR 2019 – 2021

Bibliografische Information der Deutschen Nationalbibliothek
Die Deutsche Nationalbibliothek verzeichnet diese Publikation in der Deutschen Nationalbibliografie.
Detaillierte bibliografische Daten sind im Internet über http://d-nb.de abrufbar.

Für Fragen und Anregungen
info@mvg-verlag.de

Originalausgabe
1. Auflage 2019
© 2019 by mvg Verlag, ein Imprint der Münchner Verlagsgruppe GmbH
Nymphenburger Straße 86
D-80636 München
Tel.: 089 651285-0
Fax: 089 652096

Redaktion: Ralf Lay
Umschlaggestaltung: Maria Wittek
Umschlagabbildung: shutterstock.com/Puttawat Santiyothin, Standret
Layout: Manuela Amode
Satz: Müjde Puzziferri, MP Medien, München
Druck: Florjancic Tisk d.o.o., Slowenien
Printed in the EU

ISBN Print 978-3-7474-0075-3
ISBN E-Book (PDF) 978-3-96121-409-9
ISBN E-Book (EPUB, Mobi) 978-3-96121-410-5

Weitere Informationen zum Verlag finden Sie unter
www.mvg-verlag.de
Beachten Sie auch unsere weiteren Verlage unter
www.m-vg.de

Inhalt

Vorwort

Die Rauhnächte oder die zaubervollen zwölf Schicksalstage über Weihnachten und Silvester bis zum Dreikönigstag gelten seit alters als heilige Schwellenzeit, in der gefeiert, Rückschau gehalten und orakelt werden soll. An den Tagen um die Wintersonnenwende ist die Natur in ihren innersten Kern versunken, um Kräfte für ihre Wiedergeburt zu sammeln. In dieser magischen, mystischen Jahresphase stehen die Tore zu anderen Dimensionen weit offen und laden uns ein, in die Zukunft zu blicken, Erkenntnisse zu gewinnen und mit der Anderswelt, dem unsichtbaren Reich, in Kontakt zu treten. Es ist die Zeit, sich von den Spuren des alten Jahres zu erholen, in sich einzukehren und das Schicksal neu zu weben.

Jeder Tag der zwölf geheimnisvollen Nächte steht nach altem Brauch unserer Ahnen stellvertretend für die Geschehnisse eines Monats im kommenden Jahr. In dieser Zeit können wir besondere Erlebnisse, erstaunliche Gedanken und verblüffende Ahnungen, einfach alle ungewöhnlichen Wahrnehmungen in einem persönlichen Tagebuch für diese Zeit notieren.

Der Zauber der vier Jahreszeiten hängt nach vorchristlich-heidnischem Glauben mit dem Wirken verschiedener Götter zusammen, die den Jahreslauf bestimmen. In Sagen, Legenden und Märchen liegen zahlreiche Geheimnisse darüber verborgen, die auf die zentralen Fragen des Lebens eine Antwort liefern.

Sie lernen althergebrachte Gebräuche, die Wurzeln der traditionellen Feierlichkeiten und ursprünglichen Rituale kennen, die Sie inspirieren werden, diese magischen Tage bewusst zu feiern, um den Geist zu schärfen und der Seele wohlzutun.

In diesem Sinne wünsche ich Ihnen eine besinnliche Zeit zwischen den Jahren und ein gesegnetes neues Jahr voller Kraft, Zuversicht und kostbaren Erfahrungen, die Sie auf Ihrem einmaligen Lebensweg begleiten.

Caroline Deiß

Die magisch-raue Welt unserer keltisch-germanischen Vorfahren

Nach vorchristlich-heidnischem Glauben sitzt die Fruchtbarkeitsgöttin Ceridwen in den rauen, nebligen Nächten an ihrem Kessel und kocht die Ursuppe, das Schicksal der Menschen. In den Rauhnächten, den Tagen des Übergangs, bereitet Ceridwen darin die Inspiration, die Initiation, die Einweihung und Transformation der Persönlichkeit zu. Dann sind die Zugänge zu dem verborgenen Reich der Erde – der Ort der Erleuchtung und Weisheit, die Welt der Ahnen, im Laufe dieses Buches auch »Anderswelt« genannt – frei, und jeder kann am Faden seines Lebens mitspinnen und mit dem magischen Zauberlöffel in der Suppe des Urkessels rühren. Er kann hineinschauen und sein Schicksal, sein Los, sehen und seine Handlungen mitbestimmen, die den Lebensweg beeinflussen. So kann jeder in den Rauhnächten Entscheidungen treffen und Maßnahmen ergreifen, die seine bisherige Richtung im Leben verändern werden.

In den gleichen Tagen feierten unsere Urahnen den Beginn des neuen Jahrs, das Samhainfest. Alle Feuer des Landes wurden gelöscht und von dem angesehensten und höchsten Priester ein neues, heiliges Feuer auf einem sakralen Festplatz entzündet. Davon nahm jede Familie eine Flamme mit nach Hause und entfachte dort wieder das eigene Herdfeuer und eine Räucherpfanne, mit welcher der Familienvater Haus und Hof nach einem bestimmten Räucherritual reinigte. Bis heute spüren wir den Zauber dieser rauen, rauchigen Nächte in jeder Zelle unseres Körpers und feiern zum Jahreswechsel mit vielen ursprünglich germanisch-keltischen Bräuchen und Ritualen die gleichen Feste im modernen Gewand.

Das Volk der Germanen und Kelten

Tief in unserer Seele sind Fragen nach der Zukunft vergraben, die besonders in der dunklen Zeit an die Oberfläche gelangen. Was wird das neue Jahr bringen? Wie dreht sich das Lebensrad weiter? Welche Ereignisse werden mein Leben entscheidend prägen? Eine Mischung aus Hoffnungen und Ängsten schlägt sich in unserer Wahrnehmung nieder. So geschehen auch schon lange vor unserer Zeitrechnung bei den Germanen und Kelten, die sich in Wesensart und Lebensform glichen, doch in ihrer Sprache unterschieden. Beide vorchristlichen Volksgruppen, bestehend aus vielen Stämmen, besiedelten West-, Mittel- und Nordeuropa. Bei den Germanen handelt es sich um die Ureinwohner Nordeuropas, die hauptsächlich die heutigen Länder Skandinavien, Südschweden, Jütland, Dänemark und Schleswig-Holstein besiedelten, bevor sie weiter nach Westen und Süden drangen, wo sie auf ihre Nachbarn, die Kelten, trafen. Deren Kernland war ursprünglich das Gebiet rund um die Alpen, Ungarn, Böhmen, Frankreich, Belgien, Norditalien und England. Erst später kamen Griechenland und Kleinasien dazu.

Diese beiden Volksgruppen prägten von circa 800 v. Chr. bis etwa 800 n. Chr. unsere heutige Kultur. Die heulenden Winterstürme in den rauen Nächten versetzten sie in Angst und Schrecken. Sie fürchteten sich vor dem nächtlichen, gespenstigen Höllenlärm der dunklen Totenheere, die aus den dampfenden Nebeln mit lautem Geschrei auftauchten, an den Holztüren der Hütten rüttelten, um die Bewohner mitzunehmen nach Walhall, dem Paradies der gefallenen Krieger. Obwohl sie einem glücklichen Jenseits entgegenblickten, wohin sie von Walküren, den Seelenführerinnen, geleitet wurden und wo sie an reich geschmückten Festmählern teilnahmen, hatten sie große Angst vor den Totengeistern. Diese erschienen besonders in der dunklen rauen Zeit, wenn die Tage kürzer wurden und die rauen Winde an den Wolken zerrten und ihnen gespenstige Gesichter verliehen. Dann brach die schaurige Zeit an, die Grenzen zu anderen Welten fielen, und die Zeit der Totengötter und Totengeister nahm ihren Lauf. Dann saß die Sippe um das Herdfeuer zusammen und erzählte sich von ihren Erlebnissen mit den Göttern, Geistern und Naturwesen und wie diese schon von ihren Vorfahren erlebt wurden.

Schriftliche Aufzeichnungen gab es keine, alles wurde mündlich weitergegeben. Bruchstücke ihrer Erzählungen finden sich heute noch in den Märchen der Brüder Grimm oder in den keltisch-germani-

schen Göttersagen und Legenden wieder, die uns einen Schimmer von den Gefühlen, Gedanken und Erfahrungen übermitteln, wie sie vermutlich vor fast dreitausend Jahren empfunden wurden. Es sind Botschaften aus der Seelenwelt unserer Ahnen, deren übersinnliche Erfahrungen aus der Anderswelt, dem Reich der Götter, Geister, Elfen, Feen, Zwerge und Verstorbenen.

Das Geheimnisvolle der rauen, magischen Nächte dieser beiden versunkenen Völker lebt bis heute in unseren Genen fort. Es lässt uns die Seele der dunklen Wälder spüren, die Stimme der nebeldurchdrungenen Wiesen hören und uns mit den Geistern der Anderswelt verbinden, die uns ein Hauch von jenem Fantastischen einflößen, das uns in der Zukunft erwartet und schon im Hier und Jetzt durch das Leben führt, wenn wir unsere Sinne schärfen für die offenen Pforten der geistigen Welt.

Da das Leben unserer keltischen und germanischen Vorfahren von der Fruchtbarkeit der Natur und optimalen Wetterbedingungen abhing, versuchten sie, anhand verschiedener Naturphänomene das Wetter im Jahresverlauf vorauszusagen. So entwickelten sich die Bauernregeln auf Grundlage einer ehemals existenziell notwendigen Naturverbundenheit. In der geheimnisvollen, stillen und dunklen Zeit führten sie Rituale ein, um die Gunst der Natur für sich zu gewinnen.

Naturkräfte, Geister und Götter – Natürliche Erscheinungen im täglichen Leben

In der germanisch-keltischen Glaubenswelt spielten die Geister der Ahnen und Naturwesen (Elfen, Feen, Kobolde und so weiter) eine zentrale Rolle. Nach altem Glauben ziehen verstorbene Seelen so lange als Geister umher, bis sie ihre Aufgabe auf Erden erfüllt haben und nicht mehr an ungelösten Problemen festhalten. Gute Geister weisen auf die Existenz des Jenseits hin und unterstützen die rechtschaffenen Zeitgenossen bei der Erfüllung ihrer Ziele und Wünsche. Den Unholden zeigen sie sich als strafende und rächende Wesen. Ferner geben sie jedem die Gelegenheit, mit ihnen Kontakt aufzunehmen, um jedem Menschen mehr Sicherheit, Vertrauen und Selbstbewusstsein zu vermitteln.

Leider verschließen sich viele von uns dieser fantastischen Möglichkeiten, da solche Wahrnehmungen nach offizieller Redensart Humbug sind. Hier ist jeder selbst gefordert, seine Wahrnehmung zu schärfen und auf Erscheinungen zu achten, die nach wissenschaftlichen Aussagen völlig unmöglich sein sollen.

Unsere heidnischen Vorfahren lebten noch vollständig im Einklang mit der Natur und nahmen alle Erscheinungen wahr, die ihnen die geistige Welt zur Lösung der irdischen Herausforderungen zur Seite stellte. Bis heute leben Naturvölker mit dieser Wahrnehmung und führen ein gutes und glückliches Leben, das die Bewohner der zivilisierten Welt oft fälschlicherweise geringschätzen und als rückständig bezeichnen. An die Stelle der Geister und Götter sind die Wissenschaften getreten, die ohne Zweifel sehr viele Erkenntnisse gebracht haben. Doch haben sie es in den letzten drei Jahrhunderten versäumt, die mystische Welterfahrung mit ihren Forschungen zu verknüpfen, und dadurch laut dem Schweizer Chemiker Albert Hofmann (1906–2008) ein einseitig materialistisches Weltbild entstehen lassen. Alle geistigen Dimensionen der Wirklichkeit fehlen darin, Bereiche also, die vor dem Zeitalter der Aufklärung im 18. Jahrhundert zu bahnbrechenden Erkenntnissen in den Naturwissenschaften geführt haben.

Naturerscheinungen wie Sonne, Mond, Stürme, Donner, Schnee und das Erwachen der Natur regten frühere Völker zur Schöpfung von Wesen an, die sich in Göttern verkörperten. Sie erschienen in menschlicher Gestalt und menschlichem Aussehen, besaßen einen idealen Körperbau, waren hochgewachsen und führten ein langes Leben, waren jedoch nicht unsterblich. Sie führten Kriege, befragten das Orakel und feierten festliche Gelage.

Auch wenn die Wissenschaften die Existenz von Göttern verneint, so leben sie doch bis heute in allen Naturerscheinungen weiter. In tiefer Meditation können wir bis heute ihre Seelenkräfte spüren, sie existieren in all den Göttersagen unserer Vorfahren und haben bis dato unsere Sichtweise der Natur, unseren Glauben, unsere Gefühle und Denkweise maßgeblich beeinflusst. Immer wieder spüren wir ihren Zauber und ihre Magie, die alle Pflanzen, Steine, Berge, Meere, Flüsse, Bäche und so fort ausstrahlen.

Um die heilenden Kräfte der Erde zu spüren, werden bis heute Orte aufgesucht, die den Geist des Ortes (Genius Loci) besonders stark ausstrahlen. So können in Wäldern, auf Wiesen, an Steinen oder aus Wasserquellen Inspirationen aus den Tiefen unseres Planeten hervorsprudeln, die den Suchenden auf seinem Weg der Erkenntnis eifrig unterstützen. An solch energiereichen Orten haften unsichtbare Erinnerungen an längst vergangene Geschehen, an Ahnen, die den Geist wachrütteln und das Schicksal bestimmen. Es sind mystische Kultplätze, die bei körperlichen und seelischen Leiden aufgesucht wurden und heute noch genauso wirken, wenn man ihnen vertraut. Mit ihrer Hilfe sind wir zu alchemistischen Verwandlungen fähig, die unser Leben in ein fantastisches Dasein verwandeln, wenn wir zur geistigen Erkenntnis bereit sind.

Wie unsere keltisch-germanischen Vorfahren erleben wir die Natur voller magischer, ätherischer Kräfte, wir erspüren die Seele und das Bewusstsein von Bäumen, Steinen, Quellen, des Windes, der Sonne und allen anderen Geschöpfen. Dadurch entspringt tief in unserem Innern eine Hellsichtigkeit, die ganz besonders in den Rauhnächten wahrnehmbar wird.

In den zurückliegenden Jahrtausenden waren das wirtschaftliche Leben und Wohlbefinden unserer Vorfahren nahezu ausschließlich von den Naturerscheinungen abhängig. Wenn die Sonne nicht zur rechten Zeit schien und der Regen in wichtigen Phasen der Vegetation ausblieb, dann gedieh keine Saat, und Hungersnot und Tod machten sich unter den Völkern breit. Aus dieser Erkenntnis heraus entwickelten sich magische Handlungen, die bis heute im Brauchtum fortleben. So sollte durch Feierlichkeiten während der Wintersonnwende das wärmende Gestirn zu Licht und Wärme im kommenden Jahr gezwungen werden und für ausreichende Ernte sorgen. Tänze und Gesänge während der dunklen, vegetationslosen Zeit um immergrüne Bäume herum, die mit roten Winteräpfeln als Fruchtbarkeitssymbole geschmückt wurden, waren üblich. Solche Rituale waren die Vorläufer unseres heutigen Weihnachtsfestes, ohne das unser Brauchtum nicht mehr vorzustellen ist.

Die Psychotherapie hält Rituale für die seelische Verfassung und Stabilität für bedeutsam. Sie geben Sicherheit und Halt. Besonders Kinder orientieren sich daran, sie spüren eine ganz bewusst erfahrene Ordnung, einen inneren Halt und Geborgenheit. Ohne Weihachten, Ostern oder den Nikolaus wäre ihr Empfinden für den Jahresablauf weniger stark ausgeprägt, ihr Leben wäre weniger erfüllt mit Hoffnungen und Wünschen, es wäre blass und nicht so lebendig und abenteuerlich. Rituale wie diese zwischen den Jahren schaffen Augenblicke der Besonderheit und Erhabenheit, sie lassen uns aus dem Alltag aussteigen, laden unsere Seele zum Auftanken ein und helfen, mit uns selbst in Kontakt zu kommen, unserer inneren Stimme zu lauschen, die wir schon zu lange übergangen haben, die allerdings den wichtigsten Ratgeber für unser Leben darstellt.

Ein Leben voller Magie –
Der Zauber der Neugierde

Die Natur spricht mit uns, sie offenbart sich in den vier Elementen Feuer, Wasser, Erde und Luft. Auf unseren Streifzügen durch Midgard – die Landschaft und Welt der Menschen, Tiere und Pflanzen – kommuniziert sie mit uns über Bäume, Kräuter, Steine, Quellen und Tiere. Wenn wir ihren Duft einatmen, die Erde berühren, das Wasser spüren und das Feuer uns wärmt, dann erfahren wir ihren Zauber, ihre verborgenen und geheimen Kräfte. Sie lässt uns den Geist des Ortes erfahren, eine unsichtbare Energie, einen Zauber, der besonders in der stillen, dunklen Zeit, in den rauen Nächten wahrnehmbar ist. Ihre Worte sind unsere Gedanken und Gefühle, die sich beim Anblick der fantastischen Geschöpfe unserer Landschaften entwickeln und durch die sinnliche Wahrnehmung der Elemente manifestieren.

An bestimmten Naturorten erleben wir eine ursprüngliche Spiritualität, wo sich verborgene Geheimnisse offenbaren, die uns sowohl Erkenntnisse für eine Rückschau auf unser Leben liefern als auch Impulse für unser weiteres Schicksal senden. Für die Kelten und Germanen waren die vier Elemente von Geistern beseelt, und sie hielten es für völlig normal, mit allen Geschöpfen der Landschaft zu reden. Sie grüßten jeden Stein, jede Pflanze und jedes Tier, die ihnen bei ihren Wanderungen durch die paradiesische Natur begegneten. Alles in der Wildnis war für sie mit Leben erfüllt. Sie spürten die trostbringende Seele dieser Gesellen, die ihnen jederzeit mit Ratschlägen zur Verfügung standen. Einsamkeit kannten sie nicht, alles war beseelt und wartete schon auf den nächsten vorbeischauenden Kameraden.

Ihren Durst löschten sie aus heiligen Wasserquellen, die ihnen lebensspendende Kräfte verliehen und die Heimat von vertraulich lauschenden Nymphen (mit magischen Kräften begabte Wasserfrauen) bildeten, die besonders gut in mondglänzenden Nächten, während der stillen Zeit, erscheinen. Als Zwischenwesen leisteten sie wertvolle Hilfe bei dem Austausch mit ihren Ahnen, die ihnen zu Hilfe kamen, wenn sie darum gebeten wurden.

Vor Jahrtausenden wanderten unsere Vorfahren durch die tiefen, dunklen Wälder ihrer Siedlungsgebiete. Sie kannten jeden Baum sowie seine Heilkraft und gaben ihr Wissen durch mündliche Überlieferungen ihren Nachkommen weiter. Wenn die Wintersonnenwende nahte, tanzten sie um die beseelten Bäume, die ihnen Segen brachten und Wünsche erfüllten, wenn sie ihnen Speisopfer aus Getreidebrei, Nüssen oder Äpfeln schenkten, damit sie im neuen Jahr die Menschen wieder ernährten. Dabei sangen sie Lieder oder sagten Zaubersprüche auf, um die Gunst der Bäume zu erlangen. Mit Speis und Trank wurden die Bäume gestärkt, damit sie im nächsten Jahr wieder viele Früchte tragen konnten.

In der keltischen Eisenzeit war es üblich, Bergen zu huldigen, wohnten doch dort die Götter und ging daher von diesen Orten ein magischer Zauber aus. Wer in den unheimlichen Nächten den Berg bestieg, lernte dessen Geheimnisse und Gefahren kennen. Er erlebte eine spirituelle Entwicklung und machte übersinnliche Erfahrungen. Dieser geistige Reifeprozess kam einem Einweihungsritus gleich, der einen Jüngling zu einem Mann reifen ließ.

Verbringen wir in den geheimnisvollen Nächten am Fuße eines Berges oder oben auf einem Hügel mehrere Stunden nach Einbruch der Dunkelheit, können wir einen Hauch von den mystischen Erfahrungen erleben, wie sie früher einmal üblich waren. Wir erlangen eine Weisheit, die einem alchemistischen Prozess gleichkommt. Der weitverbreitete Glaube, dass man unter Alchemie ausschließlich die geheimnisvolle Lehre mit dem Ziel der Gewinnung des rätselhaften »Steins der Weisen« verstehe, mit dem unedle in edle Metalle wie Gold verwandelt werden könnten, ist ein Irrtum. Die Alchemie hatte noch ganz andere Aufgaben. So erkannte sie, dass der Reichtum, der Schatz oder das Gold des Lebens, das geistige Wachstum und das Geheimnis der Gesundheit war. Gerade in den Rauhnächten stehen die Pforten zur Anderswelt, zu unseren Ahnen sehr weit offen. Packen wir diese Gelegenheit beim Schopfe, und dringen wir ein in eine mystische Welt voller Geheimnisse und Zauber, die uns den bisher beschrittenen Weg in einer Rückschau zeigen und viele Möglichkeiten für die Verwirklichung unserer Lebensaufgabe vorstellen. Die Rauhnächte helfen uns dabei zu erkennen, dass wir den Goldschatz in uns tragen, der unser Leben verzaubert und unendlichen Reichtum beschert.

Mythologische Hintergründe der rauen Zeit

Seit Jahrtausenden helfen Mythen den Menschen, die Welt zu erklären. Was sind die Sonne und der Mond? Woher kommen Blitz und Donner? Wer bringt den Schnee und die Fruchtbarkeit über das Land? Es sind Götter, die für alle Naturerscheinungen verantwortlich sein müssen, so lautete die Antwort unserer Ahnen. Wie heute die Wissenschaften Erklärungsmodelle dafür sind, so waren damals die Mythen Abbildungen des Denkens, aus denen sich die Sagen, Legenden und Märchen entwickelten. Während die Naturwissenschaften sich wie gesagt erst ab dem Zeitalter der Aufklärung von dem Gedanken eines Schöpfers verabschiedeten und die Seele in allem Sein verneinten, bewahren die Mythen beseelte Bilder über den Ursprung und die Geschehnisse in der Welt. Sie bereiten uns den Weg der geistigen Erfahrung und Kontaktaufnahme mit allen Wesen der Natur. Ob Naturgewalten, ob Baum, Pflanze, Tier, Wasserquelle oder Berg, alle diese Geschöpfe bergen das Geheimnis des Universums und des Lebens. Zusammen mit den Mythen schaffen sie einen faszinierenden Einblick in die Welt der Götter, die einst das Denken unseres Kulturkreises entscheidend mitbestimmt haben und auch jetzt noch in vielen Erscheinungsformen allgegenwärtig sind.

Frau Holle – Schicksalsgöttin der Rauhnächte

In den unheilvollen Zeiten, wenn die Winterstürme toben, jagt nach alten Überlieferungen die archaische Göttin Holle (Berchta, Perchta, Freyja) in hellglänzendem Gewand mit einem Geisterheer durch die Lüfte. Begleitet wird sie dabei von einer Vielzahl ungetauft verstorbener Kinderseelen in weißen Hemdchen, die ihr sowohl auf einem goldenen Wagen zur Seite stehen wie auch zu Fuß dem Tross folgen. Ebenso gehören Elben, Zwerge, Gnome, Zauberern und die Seelen der Verstorbenen zu ihrem Gefolge, die mit Glocken und Peitschen einen Heidenlärm verursachen und jedem Angst und Entsetzen einjagen, der sich von menschlichen Lastern wie beispielsweise Hochmut, Neid, Zorn, Habgier, Völlerei und Faulheit in seiner mentalen Stärke schwächen lässt.

Wie wir schon aus dem bekannten Märchen »Frau Holle« der Brüder Grimm erfahren, belohnt sie tüchtige Menschen mit Gold, das als Symbol für Lebensglück und Erfolg steht. Weniger hold gesinnt ist sie hingegen den eher faul und bequem einzuordnenden Zeitgenossen, die sich gern auf Kosten anderer durchs Leben schummeln und sich wundern, dass ihnen die Lebensfreude abhandengekommen ist.

Als Göttin des Lebens und des Todes begleitet sie die Menschen im Diesseits und Jenseits. Demzufolge verfügt sie über zwei Gesichter: eines mit düsteren und das andere mit hellen Zügen.

Ihr Tosen ist heilig, göttlich und kosmisch und durchflutet jede Zelle des menschlichen Körpers mit Lebenskraft und dem Willen des Wandels. Wenn die Tage kürzer werden und die Nächte länger, wenn das wärmende Herdfeuer in der Holzstube knistert und die winterlichen Schneestürme mit lautem Geheul über die mit weißen Eiskristallen bedeckten Felder und durch die vor Kälte klirrenden Wälder jagen, dann kommt Frau Percht, Freyja, Holda oder Bertha in Begleitung der dahingeschiedenen Seelen auf einem Wagen daher. Mit wildem Geschrei brausen sie durch die Lüfte und prüfen die Menschen auf deren persönlichen Seinszustand, ihrer Reife und Ehrfurcht vor dem Leben. Leidenschaft, Kreativität, Instinkt und Selbstbewusstsein sollen in diesen Nächten geweckt werden, sodass jeder Einzelne wieder zu seiner Urkraft stößt, die in seinem tiefsten Inneren verschüttet liegt.

Als Lebensgöttin begegnet sie den Menschen freundlich und hilfreich und steht ihnen stets zur Seite, wenn man sie in Meditationen anruft. Dies geschieht am besten an magischen Orten wie Flüssen, Seen, Wasserquellen und Brunnen, in Wäldern und in den Bergen und natürlich an jedem Hollerbusch, jenem Baum, an dessen Wurzeln Feen und Zwerge verweilen und die Menschenkinder über einen heiligen Brunnen unter den Wurzeln des Zauberbaums hinab ins Hollenreich begleiten. Nach altem Glauben spinnt sie dort das Schicksal der Menschen. Sie fordert Fleiß und Heiligung der Feiertage ein.

Besonders in der staden (stillen) Zeit zwischen Heiligabend und Dreikönig ist sie sehr streng mit der Bevölkerung auf unserem Planeten. Sie befiehlt in den zwölf heiligen Nächten strengstes Arbeitsverbot und erteilt jedem die absolute Pflicht, sich mit seinem bisher gelebten Dasein zu beschäftigen, es kritisch zu beleuchten und für die Zukunft

Pläne der Wandlung zu schmieden. Wer nicht zur Läuterung bereit ist, den wird sie so lange mit Misserfolgen strafen, dem Pech des Lebens, bis er zur Besinnung kommt und Besserung gelobt. Entdeckt sie während ihrer nächtlichen Jagd Menschen auf den Wegen, so packt sie diese und nimmt sie mit in ihr Totenreich.

Um sie gütlich zu stimmen, stellten die eingeschüchterten Menschen ihr früher Getreidebrei, honigsüßen Met, Nüsse und Äpfel vor die Tür und unter Bäume. Dazu räucherten sie das Harz von Fichten, Tannen und Kiefern sowie würzige Wacholderbeeren, um sich vor den dämonischen Handlungen der tobenden Göttin zu schützen. Geehrt von so viel Demut, soll sie die Menschen mit Geschenken und Glück belohnt haben.

Wotan – Göttervater der schaurigen Zeit

In den Stürmen der Winternächte taucht ebenso Wotan (in nordischen Gebieten Odin genannt) auf, der höchstverehrte unter den germanischen Göttern, begleitet von einem wilden Totenheer mit grausamem Geschrei, Pferdewiehern, Hundegebell, Peitschenknallen und Hörnerblasen. Er jagt über die Erde durch den dichten, gespenstigen Nebel, um die Menschen zu prüfen. In diesen Zeiten stockt das Weltenrad, und das menschenfeindliche, finstere Utgard, die Welt der dunklen Unholde, bösen Geister und krankheitserregenden Dämonen, öffnet seine Pforten. Die Wesen der Unterwelt dringen in Midgard ein, die Welt der menschlichen Geborgenheit, um von uns Besitz zu nehmen. Wer sich nach Einbruch der Nacht noch draußen aufhält, wird von ihnen für ewig verschleppt.

Der oberste Gott braust auf seinem schnaubenden, achtbeinigen Schimmel Sleipnir, umgeben von seinen beiden Raben Hugin und Munin (»Gedanken« und »Gedächtnis«), den Wölfen Geri (der »Gierige«) sowie Freki (der »Heißhungrige«), über weglose Wälder, zerrt an den Dachfirsten der Häuser und bläst das klein lodernde Herdfeuer zu einer gefährlichen Feuersbrunst auf. Im Angesicht dieser grauenvollen Bedrohung erwachen die inneren Stimmen der Menschen, die ihnen den Weg durch ihr Leben zeigen. Der Geist wandert in unsere unsichtbaren Tiefen, und der Mensch wird empfänglich für Eingebungen.

Dieser zauberkräftige, weitsichtige und leidenschaftliche Meister der zwölf geheimnisvollen Nächte verbindet uns mit unseren verstorbenen Ahnen, die ihre Nachkommen auf diese Weise aus dem Brunnen der Weisheit und Erkenntnis schöpfen lassen und ihnen Einblick in das Reich unendlichen Wissens gewähren. Nur in den Rauhnächten hat dieses wilde Heer freien Lauf, da hier die Tore zur Totenwelt weit offen stehen.

Nach den rauen Nächten kehrt Wotan zurück nach Walhall, der göttlichen Wohnstätte, dem heidnischen Paradies, und beobachtet bis zu den folgenden dunklen Nächten das Menschenvolk, um es bei seinem nächsten Ritt durch Midgard erneut zu prüfen und dem Sinn ihres Daseins näherzubringen. Auf seinen Schultern sitzen die Raben, seine Spione, die ihm von den Taten der Menschen berichten. In Hut und Mantel begibt er sich auf Reisen, um die Welt der Menschen, der Riesen und der Zwerge zu erkunden.

Da Wotan der weiseste unter den Göttern ist, erkennt er, dass Klugheit und Zauberkraft immer den dunklen Mächten des Schicksals gegenüberstehen werden, die die Menschen verführen und für sich gewinnen möchten. Ebenso ist ihm bewusst, dass dieser Kampf stets zur Weiterentwicklung der Menschheit führt, zur Einweihung in das geheime, geistige Wissen, die Stufe um Stufe erklimmt, um dem Ziel des Friedens zwischen den verschiedenen Welten näher zu kommen. Um dieses Streben der Erdlinge in Gang zu setzen und aufrechtzuerhalten, nutzt er die Zeit der toten Natur für die innere Einkehr eines jeden Einzelnen, besucht die irdische Welt, versetzt sie in Angst und Schrecken und aktiviert damit den Vorgang ihrer Selbsterkenntnis, Visionen, Einsichten und Ekstase.

Bis heute unterstützt er die Menschen auf ihrer Suche nach Wahrheit und Weisheit. Wer ihn spüren, fühlen und erleben möchte, der

braucht nur in der Zeit der Wintersonnwende, wenn die tobenden Stürme über das Land rasen, das Fenster zu öffnen und das Jagen am göttlichen Firmament zu beobachten. In wenigen Augenblicken zieht der stürmische Windgott den Beobachter in seinen Bann. Plötzlich erscheint ein Brunnen der Erinnerung, der die Wichtigkeit des Gedenkens an die Vorfahren und das Wissen um die Vergangenheit für ein erfülltes und reiches Leben feststellt. Als Zeichen und Beweis seines Daseins hinterlässt Wotan die Fliegenpilze. Denn überall, wo Blut und Geifer aus Sleipnirs Maul tropft, sprießen diese magischen Zauberwesen mit ihren weißbetupften Hüten aus der Erde.

Geister und Dämonen treiben ihr Unwesen

Geister und Dämonen sind doch Hirngespinste, werden viele sagen. Doch stimmt das wirklich? Nein, lautet die Antwort, denn sie leben als Gedanken und Naturerscheinungen mitten unter uns. Je höher der Schnee im frostigen Winter, desto mehr kommt man in Kontakt mit Schneegeistern, die in Form von Intuitionen, Impulsen und Ideen durch unsere Sinne schweben. Auch wenn Nebelschleier um Land und Flur weben, regt sich in der Natur ein anderes Leben: Dann haben Elfen und Feen Waschtag, die Melancholie schleicht sich zurück in die Welt, und Stille und Frieden ziehen ein. In solchen Momenten offenbaren sich plötzliche Eingebungen und Erkenntnisse, die unser Leben für immer verändern können.

Schneegeister und Nebelgestalten – Boten der verborgenen Zauberreiche

Wenn die Temperaturen sinken, der Winter mit eisiger Kälte Einzug hält, Schnee und Frost die Landschaft in eine weiße Zauberwelt voll wundersamer, fantastischer Gebilde verwandelt, dann ist die Zeit der unheimlichen Schneegeister gekommen.

Oft stapften unsere Ahnen mit Schneeschuhen einsam durch die tief verschneite Winterlandschaft, um ihren lebensnotwendigen Tätigkeiten nachzugehen. Schon frühmorgens um drei Uhr spannte mein Urgroßvater auf seinem Hof die Pferde ein, um in dem 40 Kilometer entfernten Frankfurt Wurst, Fleisch- und Gemüsewaren aus eigener

Herstellung auf den Märkten in den umtriebigen Straßen der Großstadt anzubieten. Beißend kalte Winterstürme, in denen die eisigen Schneeflocken sich rasiermesserscharf in sein dick verhülltes Gesicht zu schneiden suchten, ließen ihn in einen Trancezustand verfallen, der ihm neue Bereiche des Bewusstseins öffnete. Kahle Bäume mit ihren schneebedeckten Ästen wirkten wie Arme und die Krone wie ein Kopf. Wie tote Gesellen im weißen Gewand schwebten sie durch die sich unendlich weit ausdehnende weiße Fläche ohne jeden Hauch von Leben.

In solchen Augenblicken tauchte er ein in die unsichtbaren geistigen Sphären, in die magischen Geheimnisse des Universums. Wenn es in den nicht enden wollenden dunklen Morgenstunden nicht schneite, so zogen regelmäßig undurchsichtige weiße Nebelschleier durch die dunklen Weiten der winterlichen Landschaft und formten sich zu unheilvollen Wahngebilden. Unsichtbar waren Bäume und Pflanzen, an denen er vorbeifuhr. Ein beängstigendes Gefühl von Einsamkeit umschlich ihn in dieser mystisch-melancholischen Stimmung, und die Grenzen zwischen den Welten verschwanden. Gespenstische Schatten längst vergangener Zeiten sah er vorübergleiten, und ein kopfloser Reiter auf einem grauen Schimmel erschien in seinen Gedanken, von dem man erzählte, er solle ein Wiedergänger sein, der aufgrund seiner Sünden zwischen irdischer Welt und Fegefeuer für ewig pendeln muss. Gleichzeitig stiegen modrig feuchte Düfte aus der winterlichen Erde um ihn herum auf und sensibilisierten seine Sinne für richtungsweisende Botschaften aus der Anderswelt.

Werwölfe und Totengeister – Die mystischen Helfer aus der Anderswelt

Mit der Nacht zu Allerheiligen, dem seit Jahrhunderten gefeierten Halloween und früheren Samhain, beginnt vielerorts die jährlich wiederkehrende unheimliche Dunkel- und Geisterzeit. Bis Dreikönig wird es spuken. Nach altem Volksglauben erscheinen die Geister den Menschen an den dunklen Tagen und besonders in den Nächten im Traum und versuchen, diese hin und wieder zu necken. In der Nacht zum 1. November erwachen die Toten, steigen aus ihren Gräbern und suchen ihre Familien auf. Sie entsteigen den Seen und Mooren, wandern aus Wäldern und kommen von den Bergen herab, je nachdem, wo ihre letzte Ruhestätte liegt.

In solchen Geisternächten lagen früher fast alle Menschen hellwach und fürchtend im Bett und lauschten nach ungewöhnlichen Geräuschen oder mysteriösen Erscheinungen. Heulende Stürme, die an den Hüttentüren rissen, um Einlass zu erzwingen, ein Knarren von Dielen und Balken, über die scheinbar unsichtbare Wesen liefen, das plötzliche Flackern einer brennenden Kerze, wenn ein Geist daran vorbeischwebte, oder ein Raunen und Murmeln aus einer Ecke der Stube, wo niemand stand. Diese Erscheinungen versetzten die Bewohner in Angst und Schrecken und ließen sie Gebete aufsagen oder zur Räucherpfanne greifen, um mit verschiedenen Harzen und Kräutern die unsichtbaren Wesen zu besänftigen.

Mit der Nacht vom 31. Oktober auf den 1. November endete das keltische Jahr, und der Totengott Samhaim zog über das Land, um die Seelen der verstorbenen Sünder mit in sein Reich zu nehmen.

Der Monat Dezember heißt seit langer Zeit Wolfsmond, denn in klirrend kalten Wintern suchten die Wölfe bei der Jagd nach Beute Siedlungen auf. In den rauen Nächten rechneten die Menschen daher immer mit Wölfen, ganz besonders, wenn die Winterstürme heulend über die Landschaft und durch den Wald fegten. Dann traute sich niemand mehr nach draußen, doch wenn es sich nicht verhindern ließ, dann fantasierten sich viele Zeitgenossen auf ihrem Weg durch die Dunkelheit in ihrem Angstwahn Geistwesen zurecht, die zum Teil aus Menschen- und teilweise aus Wolfsgestalt bestanden. Häufig vermuteten sehr abergläubische Menschen hinter Männern mit stark buschigen Augenbrauen oder extrem behaarten Händen und Rücken Wesen, die sich nachts zu Werwölfen verwandeln könnten. Besonders in der Weihnachtszeit sollten sie ihr Unwesen treiben, vornehmlich am Heiligen Abend und in der Silvesternacht. Dann nehmen sie, wie der Literaturwissenschaftler und Jurist Jacob Grimm (1785–1863) traditionelle Überlieferungen dokumentierte, die Wildheit und das Heulen des Wolfes an und zerfleischen alles, was ihnen in die Quere kommt. Nur die mutigsten Männer machten sich auf die Suche nach diesen Bestien und bewiesen damit ihre Stärke, ihren Mut und ihre geistige Reife. Wer ihnen begegnete, auf den gingen Lebenskraft, Potenz, Ausdauer und Fruchtbarkeit über, typische Eigenschaften der Werwölfe.

Aus dem nordischen Heidentum stammt der Glaube, dass sich manche Menschen durch Zauberkünste beliebig in unterschiedlichste Gestalten verwandeln können. Dazu reiche das Überwerfen eines äußerlichen Gewandes wie beispielsweise eines Bären- oder Wolfsfells. Damit soll die Seele aus dem Körper wandern und mit der Anderswelt Kontakt aufnehmen. Während dieses Verwandlungsprozesses erfahre die Seele einerseits wertvolle Ratschläge für ein sinnvolles Leben im Diesseits, andererseits handele es sich dabei um einen Tranceakt früherer Krieger, die die Steigerung ihres Kampfgeistes bewirkte und sie unbesiegbar machen sollte. Dies alles gelang ihnen durch einen Initiationsritus in den tiefen dunklen Wäldern, wo sie in völliger Abgeschiedenheit, aber in Geistesklarheit durch den Geist des Waldes unendliche Weisheit empfingen.

Elfen, Zwerge und Kobolde – Die treuen Begleiter in magischen Zeiten

Gibt es Elfen, Zwerge und Kobolde? Bei den germanischen und keltischen Stämmen bestand darüber gar kein Zweifel, lebten sie doch wie ganz selbstverständlich mit diesen Wesen aus der Anderswelt zusammen.

Wer sie spüren möchte, dessen Seele muss sich öffnen, sich verzaubern lassen und wieder in die Tiefen der Mythologie eindringen. Während der heiligen zwölf Tage kommen sie uns besonders nah. Wir können sie dann sehr gut wahrnehmen. Wir fühlen, hören und riechen sie, allerdings sind diese Naturwesen unsichtbar, es sind Bilder, die unser Geist produziert, während unsere Sinne fantastische Wahrnehmungen machen.

Wenn wir eine prächtige, farbig blühende Blume entdecken, die Augen schließen und uns auf den Duft konzentrieren, dann können wir sie wahrnehmen, diese Elfe, die uns den magischen Duft unaufhörlich in die Nase fächert und unsere Seele verzaubert. In den geheimnisvollen zwölf Nächten hüllt sie die ganze Stube in einen segensreichen harzigen und betäubenden Wohlgeruch, der eine mystische Stimmung erregt und die Sehnsüchte der Menschen gen Himmel trägt.

Kobolde, das sind unsere Hausgeister, die ständig Schabernack mit uns treiben und Gegenstände immer dorthin bewegen, wo wir sie niemals hingelegt haben können. Sie ärgern uns unaufhörlich und geben uns die fantastische Gelegenheit, ihnen die Schuld in die Schuhe zu schieben, falls wir in unseren vier Wänden mal wieder nichts finden. Wenn wir dann lautstark schimpfen und maulen, dann führen sie unseren Geist urplötzlich doch tatsächlich an die Stelle, wo wir es entdecken können. Wer kennt sie also nicht?

Gern machen sie sich auch durch sanfte Geräusche bemerkbar. Immer wieder berichten Menschen, dass sie an einem ganz ruhigen, totenstillen Ort urplötzlich ein sanftes Klingen eines Glöckchens vernehmen. Daher rührt der immer noch übliche Brauch an Heiligabend, ein Glöckchen klingeln zu lassen, wenn die Kinder schon ganz gespannt in einem Vorraum auf das Christkind warten, geistig bereits völlig entrückt, Lieder singen und dann plötzlich das Klingeln vernehmen und völlig hypnotisiert und ehrfurchtsvoll mit ihren Eltern das nach Tanne duftende Wohnzimmer mit dem magisch glitzernden Lichterbaum betreten.

Zwerge, das sind die fleißigen, klugen, weisen und zauberkundigen Handwerker, die unter Baumwurzeln, im Wald, in Höhlen, Hügeln und im Gebirge leben. Hin und wieder kommen sie in die Dörfer und Städte der Menschen und verrichten nachts, wenn alles schläft, Hausarbeiten. Mit ihrer Mütze machen sie sich sofort unsichtbar, wenn ein Mensch in ihre Nähe kommt. Wie sehr sie uns Freude bereiten, erkennen wir, sobald es Frühling wird und die fleißigen Gärtner unter uns Abbildungen dieser kleinen Männlein in ihre Gärten stellen. Gütigen Menschen bereiten sie gern Freude, indem sie aus ihrem Säcklein ein Schmuckstück fallen lassen, das wir dann hin und wieder auf der Straße finden.

Um uns in Weisheit zu unterrichten, können sie auch ziemlich gemein auftreten und entnehmen uns einfach unbemerkt Ringe, Ketten und andere kostbare Teile in einem unerwarteten Moment, legen diese anderen Menschen vor die Füße und freuen sich, wenn sich der glückliche Finder über dieses »Geschenk des Himmels« bei ihnen bedankt.

Schon vor den Rauhnächten beginnen sie in den Wäldern fleißig mit dem Gießen und Düngen der Wurzeln von Weihnachtsbäumen. So zaubern sie einen magischen Duft in die Bäume, der sich über deren Stamm, Zweige und Nadeln in den Lüften veredelt. Jeder möchte natürlich den schönsten und prächtigsten Baum hervorbringen, und entsprechend hektisch geht es an den Baumwurzeln zu. Wer seinen Weihnachtsbaum noch im winterlichen Wald beim Förster holt, dem

helfen die freundlichen und hilfsbereiten Wichtel beim Aussuchen und beim Schlagen des Baums.

In Schweden und Norwegen brachte früher ein Zwerg die Weihnachtsgeschenke. Dafür stellten die Familien ihm gern kleine Speisen vor die Tür, und als Dank für diese Gaben schmückten die kleinen Wichtel die geweihten Bäume mit Fliegenpilzen, mit deren Aura sie uns den geistigen Flug in die geheimnisvollen Traum- und Feenwelten wesentlich erleichtern und andere Wirklichkeiten zu erkennen helfen.

Die zwölf magischen Rauhnächte zwischen den Jahren

Die erste Rauhnacht läutet eine Zeit ein, in der wir zu unserer Natürlichkeit, Authentizität und Ursprünglichkeit zurückfinden sollen. Die Rauhnächte prägen unsere Identität, die so wichtig für das Gelingen unseres Lebens ist. Es ist eine Auszeit vom Alltag, die die Sehnsucht nach Freiheit, Sorglosigkeit und Gesundheit stillt – das soll die faszinierende Zeit ankurbeln.

In der Stille dieser dunklen Nächte durchwandert unser Geist wie gesagt unsichtbare Dimensionen und erspürt geistige Eingebungen. Wie in einem Zustand der Trance nehmen wir Naturerscheinungen wahr, die Impulse in uns auslösen und sich in Ideen verwandeln. Bei dieser magischen, dunklen Zeit handelt es sich um jene zwölf Tage und Nächte, die zwischen dem Mondjahr mit 354 Tagen und dem Sonnenjahr mit 366 Tagen liegen. Daher stammt der Ausdruck von der »Zeit zwischen den Jahren«. Es handelt sich um Schalttage, die unsere keltischen Vorfahren zu ihrem Jahreswechsel, damals Samhain, einfügten. Als Nächte wurden diese Tage bezeichnet, da sie sich in der Nacht, der dunklen Zeit des Jahreskreises, befinden.

Alles musste in der Zeit der inneren Einkehr aufgeräumt sein, es durfte keine Wäsche auf der Leine hängen, und an den Tagen wurden besonders viele Bohnen, Erbsen und Linsen gegessen, weil sie angeblich Glück bringen sollten. Galten sie doch als Lieblingsspeise der rauhnächtlichen Geister und wurden daher vor die Behausungen gestellt, damit sich die vorbeiziehende Wilde Jagd daran laben konnte und als Freude darüber die Bewohner mit Glück und Lebensmut belohnte.

Im Zuge der Christianisierung wurden die Namen der germanisch-keltischen Gottheiten durch christliche Heiligennamen ersetzt. Die Rituale aber ließen sich die Heiden trotz aller Gewalt nicht nehmen, und so feiern wir heute noch die gleichen Feste wie zur vorchristlichen Zeit, nur unter anderem Namen.

Besonders in den Rauhnächten sind Symboltiere die Helferwesen der Menschen, deshalb beschäftigen wir uns in jeder der geheimnisvollen Nächte mit einem dieser kostbaren Geschöpfe. So rufen wir die magischen Kräfte des Tieres ab, die unseren Körper voller Zauber durchfluten und die Herausforderungen des Lebens prächtig meistern lassen. Damit gehen wir einer Tradition nach, die schon in steinzeitlichen Höhlenmalereien entdeckt wurde. Durch Beschwörungen geht ein Schutzzauber nieder, der uns auch gleichzeitig die Pforten in die andere Welt öffnet und den Zugang zu übersinnlichen Dimensionen schafft. Tiere im Stall sollen um Mitternacht mancher Rauhnächte die menschliche Sprache sprechen und über die Zukunft erzählen. Hören wir ihnen zu, und lassen wir uns durch ihren Geist inspirieren.

Die stillen Zaubernächte sind auch die Zeit der Einkehr, der Besinnung und Fragen nach dem Sinn des Lebens. Unsere innere Stimme meldet sich hörbar, und der Wunsch nach Volksmärchen wird in diesen magischen Tagen immer lauter. Sie weisen einen Übergang zum Übersinnlichen, zur Anderswelt und erzählen von Göttern und Geistern, Naturwesen und Ahnen. Gedanken und Gefühle unserer Vorfahren liegen in ihnen verborgen, welche uns mit der tröstenden Seele und dem Lebenselixier der magischen Natur in dunklen Wäldern, auf blühenden Wiesen und mystischen Bergen verbinden.

Das bäuerliche Brauchtum der ländlichen Spruchweisheiten für jede Rauhnacht wurzelt in der keltischen Tradition, Vorhersagen über das Wetter zu treffen. Es handelt sich dabei um einfache und kurze Reime, die sich leicht ins Gedächtnis einprägen. Jede der zwölf dunklen

Nächte stand für die Witterung in einem Monat des folgenden Jahres, somit erleben wir die zwölf Monate in einem Zeitraffer, in dem deren Geschehnisse den Samen für das kommende Jahr legen.

Die zwölf Rauhnächte ergeben sich zwar aus der Differenz der Tage des Mond- und Sonnenjahrs, doch wohnt dieser Zahl noch ein ganz besonderer Zauber inne. In den vergangenen Jahrtausenden war das Dutzend eine übliche Maßeinheit – ebenso wie sein Vielfaches. Die Zahl Zwölf trägt in vielen Kulturen eine herausragende Bedeutung: Ein Sonnenjahr umfasst zwölf Mondzyklen und teilt das Jahr in zwölf Monate ein. Der Tag besteht aus zweimal zwölf Stunden, es gibt zwölf Tierkreiszeichen, zwölf Apostel und die zwölf Stämme Israels. Die Zahl Zwölf ergibt gefühlt eine Einheit, sie steht für Vollkommenheit, Magie und Zauber, der sich durch das ganze Leben zieht. Die Zahl Zwölf resultiert aus dem Produkt der Drei (Symbol für das

Göttliche – die Dreifaltigkeit) und Vier (Symbol für Ordnung – die vier Himmelsrichtungen). Deren Summe führt zur magischen Sieben, die Zahl der sieben Weltwunder und der Anzahl der Tage in der Schöpfungsgeschichte. Im Märchen signalisiert die dreizehnte Fee das Unglück, was die Vollkommenheit, die Harmonie und das Gleichgewicht stört und zum Fluch der Dreizehn führt.

Meditationen in der magischen Zwölfenzeit geben uns die Möglichkeit zur Selbsterkenntnis. Wir tauchen ein in die Geheimnisse des Kosmos und der Urkraft des Universums. Die stille Konzentration auf die Wesen der Schöpfung lässt uns in die Tiefen der Weisheit eintauchen und die Kräfte der Erde spüren.

Die magischen zwölf Nächte werden wie gesagt flankiert vom Heiligen Abend und dem Dreikönigstag, beides ganz besondere und zauberkräftige Nächte im Jahreskreis, die oft als Wächter der heiligen Zeit auftreten, aber je nach Region und Deutung nicht immer dazugehören. Der Termin ist nämlich nicht fix. In der Regel handelt es sich um den Zeitraum zwischen Weihnachten und dem Dreikönigsfest. Aber auch andere Tage kommen infrage, und daher werden nach den Zwölfen zwischen den Jahren noch weitere Rauhnächte in diesem Buch vorgestellt.

Die im Folgenden beschriebenen Aktivitäten in den jeweiligen Rauhnächten stellen Empfehlungen dar, die nach Belieben auch in anderen Nächten zwischen den Jahren angewendet werden können, je nach eigenem Bedarf, Empfinden und Wunsch.

24. Dezember — Heiligabend

Der Heilige Abend geht zurück auf ein heidnisches Fest, die Wintersonnenwende. Was wir als Ende des Jahres empfinden, war in vorchristlichen Zeiten ein hoffnungsvoller Anfang, dem mit Freude, Feiern und Ausgelassenheit entgegengeblickt wurde. Der Heilige Abend gilt als traditionelles Familienfest, das Eltern, Kinder und Großeltern gemeinsam feiern.

Dem Zauber dieser magischen Nacht geht ein geschäftiges Treiben voraus, bei dem der Weihnachtsbaum im Mittelpunkt des Geschehens steht. Ursprünglich war er der Weltenbaum Yggdrasil, ein schamanischer, heiliger Baum, der die fruchtbare Natur verkörpert und die Welten der Menschen, Geister, Götter und Ahnen verbindet. Wir schmücken ihn, wie seit Jahrtausenden, mit heiligen und magischen Symbolen. Mit roten Kugeln als Sinnbilder für die Winteräpfel, die den Menschen während der frostigen Nächte nicht nur Lebenskraft spendeten, sondern als Zeichen immerwährender Jugend an ein ewiges Leben erinnerten. Die goldenen Nüsse der Weisheit hängen wir bis heute an diesen magischen Lebensbaum, weil sie einen Hauch der Mystik, Freiheit und Wirklichkeit unserer heidnischen Vorfahren offenbaren, der immer noch tief in unserer Seele als Sehnsucht verborgen liegt. Auch heutzutage verzaubert von dem Baumkult früherer Zeiten, holen wir uns mit dem immergrünen Lichterbaum als Zeichen des ewigen Lebens den Wald und die Natur in die warme Stube. Ein in die Tiefen unserer Seele eindringender Tannenduft durchflutet jede einzelne Zelle unseres Körpers und lässt uns eins werden mit den himmlischen Botschaften, die wir an diesem festlichen Tag besonders stark aufnehmen können, wenn wir mit geschlossenen Augen und langsamem, tiefem Atmen unseren Geruchs- und Gefühlssinn besonders schärfen.

Schon bevor man begann, zum Weihnachtfest einen Tannenbaum aufzustellen, war es üblich, das Haus mit Mistelzweigen, Tannengrün, Kiefern- und Tannenzapfen zu dekorieren. Bei den Kelten war es Sitte, dass sich Liebespaare unter einem Mistelzweig küssen, der einst als magisches Symbol der Zauberkraft der Druiden, der Magier unserer Vorfahren, galt. Die Suche nach sich selbst braucht die Nähe der Natur, deshalb schmücken wir eine Fichte oder Tanne als Weihnachtsbaum in unserer warmen Stube, die wir mit dem Weihnachtsschmuck aus zahllosen bunten Glaskugeln, Zapfen und anderen Accessoires in ein Wintermärchen verwandeln. Wir singen und feiern ausgelassen mit unseren Lieben in dieser mystischen Rauhnacht und beschwören mit Gesang und Ausgelassenheit die Geister der Anderswelt, um uns im kommenden Jahr mit Glück und Zuversicht zu belohnen. So wie damals vor über zweitausend Jahren, als unsere Vorfahren sich mit diesem Ritual auf ein neues fruchtbares und sonnenreiches Jahr einstimmten.

Der Glaube an das Christkind war kein Glaube. Wir spürten seine wahre Existenz, seine Energie, wenn wir am Heiligen Abend das zarte Klingeln des Glöckchens vernahmen, wenn unser Atem stockte und wir bei jedem Schritt in Richtung Stube, wo wir die Geschenke des Christkinds erwarteten, der Ohnmacht nah waren. Dann öffnete mein Vater die helle, hölzerne Tür der Wohnstube, und der Zauber von Weihnachten, das magische Licht der Kerzen und der Glanz der bunten Weihnachtskugeln am Baum erfüllte uns mit einer Ehrfurcht, die unsere Knie zittern ließ. Alles war echt, auch das Christkind, das wir nie zu Gesicht bekamen, weil es nach dem Ablegen der Geschenke gleich wieder aus dem offenen Fenster entwichen war, um die anderen Kinder in unserem Dorf aufzusuchen. Die Magie, das ohnmächtige Gefühl kurz vor dem Anschlag meiner Sinne – alles war real. Das Geheimnis von Weihnachten offenbarte sich, der Zauber von Liebe durchströmte meinen ganzen Körper. Bis heute können wir dieses Gefühl erleben, es ergreift uns, wenn die Liebe ruft, wenn wir ihr folgen sollen, sei der Weg auch noch so steinig und steil. Sie fördert unser Wachstum, unsere Reife hin zu einem einmaligen Menschen.

Wenn nach einem fröhlichen Abend bis tief in die Nacht das Lachen der Kinder verschwunden ist und der Rest der Familie schläft, dann kann man sich noch einmal auf eine kuschelige Decke oder ein zartes Schaf- oder Rentierfell vor den Baum setzen, die Augen schließen, tief durchatmen und noch einmal in Ruhe den ganzen Abend vorüberziehen lassen. In dieser Haltung entflieht man meditativ in eine Zauberwelt, die uns ganz nah mit unserer Seele verbindet.

Welche Gerüche tauchen auf? Welche Bilder sehe ich vor meinem geistigen Auge, welche Empfindungen nehme ich durch meine fünf Sinne auf? Was rieche ich, höre ich, sehe ich, fühle ich, ertaste ich? Wir lassen uns fallen in eine unbekannte Welt voller neuer, sinnlicher Überraschungen und werden eins mit diesem Zauber. Gedanken, Wünsche und Gefühle dieses Moments werden auf Weihnachtskarten mit Natur-, Tier- oder Rauhnachtsmotiven festgehalten und anschließend als kostbare Schätze in Erinnerung bewahrt und an einem Ehrenplatz in edlen Schatullen verstaut.

Die Familie ist das Thema dieser Rauhnacht, deswegen sollten wir uns fragen: Was möchten wir mit unserer Familie im kommenden Jahr erleben? Welche Fragen beschäftigen meine Familienmitglieder? Höre ich ihnen wirklich zu? Zeige ich ihnen, wie wichtig sie für mich sind? Interessieren mich ihre Ideen, Meinungen und ihr Feedback auf mein Handeln? Kann ich mich in ihre Lage versetzen, um ihre Situation wirklich zu verstehen? Vermittle ich ihnen ein Gefühl der Sicherheit, sodass sie sich meiner Unterstützung immer sicher sein können?

Um sich einen Zugang zu den Tiefen unserer Seele zu erschließen, können wir mit Tierbeobachtungen arbeiten. Ein typischer Seelenvogel an den Weihnachtstagen, den wir auch auf vielen weihnachtlichen Grußkarten entdecken, ist das Rotkehlchen. Wussten Sie, dass es schon eine Stunde vor Sonnenaufgang seinen munteren Gesang

beginnt? Im Winter übernimmt der fröhliche Gesell das Singen, wenn andere Vogelstimmen weit in den Süden vor der bitteren Kälte geflüchtet sind. Mit seinem roten Kehlchen und großen schwarzen Knopfaugen sucht es unseren Blick einzufangen und unsere Seele zu berühren. Schenken wir ihm nicht gleich unsere volle Aufmerksamkeit, fliegt es ganz nah an uns heran, damit wir es durch seine zutrauliche Nähe in unser Herz schließen. Lassen wir uns von seiner Kommunikation in seinen Bann ziehen, unternehmen wir den Flug in die Welt der außersinnlichen Erfahrungen. Wir sehen unsere psychischen Kräfte, die Seele, Geist und Körper beherrschen, und nehmen mit unseren Ahnen Kontakt auf, von denen wir Hilfe, Beratung, Warnung und Weisung für den richtigen Lebensweg erhalten.

Räucherempfehlung: Sternanis, Kardamom, Zimtrinde, Lavendel, Weihrauch, Fichtenharz, Tannennadeln, Mistel, Salz (genauere Hinweise zu Räucherritualen stehen im Kapitel »Räuchern – Die Verbindung zu himmlischen Sphären«).

Ritual: Legen Sie essbare Opfergaben unter einen Baum in Ihrem Garten, vor die Haustür oder auf den Balkon. Befüllen Sie eine Schale oder kleinen Korb mit Brotscheiben, aufgeschnittenen Äpfeln und Birnen, geöffneten Nüssen oder anderen Leckereien, und stellen Sie ein Glas Milch oder guten Wein daneben. Die wohlwollenden, aber oft hungrigen Ahnengeister werden es Ihnen in den zwölf magischen Nächten, wenn sie mit Odin und Frau Holle durch die Lüfte ziehen, danken und das ganze Jahr Haus und Hof schützen und Sie mit Glück belohnen.

Bauernregel: »Wie die Witterung an Adam und Eva (Heiligabend ist der Gedenktag an Adam und Eva), so bleibt sie bis Ende des Monats.«

25. Dezember, erste Rauhnacht – Weihnachten

Die stimmungsvolle Atmosphäre vom Vorabend hat sich in der ganzen Stube ausgeweitet. Jetzt ist der Zauber von Weihnachten in jeder Zelle unseres Körpers zu spüren. Schon zu Mittag oder mancherorts auch erst gegen Abend treffen sich nun Eltern, Kinder, Enkelkinder, Verwandte und Freunde, um in einem bezaubernden Ambiente ein heiteres, unbeschwertes Fest zu feiern und sich von den liebevoll zubereiteten Köstlichkeiten verwöhnen zu lassen.

Im Mittelpunkt des traditionellen Festessens am ersten Weihnachtstag steht die Weihnachtsgans. Die Tradition des Gänsebratens geht auf unsere Vorfahren zurück, die mit der kulinarischen Zubereitung des Fleischs an den magischen Flug in die geistige Welt erinnerten. Zudem kündigten die wilden Zugvögel den Jahreswechsel an, den unsere Vorfahren früher ja zu Samhain, am 1. November, feierten, und eine entsprechend magische Bedeutung kam diesen Tieren zu.

An Weihnachten bringen alle Gäste Geschenke mit und legen sie unter den festlich geschmückten Weihnachtsbaum. Ein Brauch, der seinen Ursprung bereits in der Antike hat. Im alten Rom tauschte man zum Jahreswechsel kleine Gaben aus, Olivenzweige, getrocknete Früchte, Honig, vergoldete Nüsse und andere Glücksbringer, um den Abschluss des Jahres, der mittlerweile auf die Wintersonnwende verlegt war, zu feiern.

Das Zaubertier dieser magischen Nacht ist auf alle Fälle die Gans. Sie steht nicht nur für Fruchtbarkeit, sondern auch für die weiblichen Aspekte wie Nahrung, Schutz und Wärme. Mit ihr unternimmt der sensitive Mensch den schamanischen Flug zur Anderswelt, wo er Erkenntnisse über sein Leben und sein Schicksal gewinnt. Als göttlicher Bote des Himmels übermittelt sie uns Inspiration, Kreativität und Heilung. Sie steht in enger Verbindung mit der germanischen Göttin Holle und damit der Weltneuschöpfung. Wenn Frau Holle ihre Betten ausschüttelt, dann schneit es auf der Erde, und neue Fruchtbarkeit legt sich über das Land. Neues Leben entwickelt sich, neue Schicksale werden gesponnen, und neue Träume weissagen unsere Zukunft. Gänse begleiten die Wilde Jagd durch die Rauhnächte und hypnotisieren uns mit ihrem Ruf. Das versteckte und geheimnisvolle Nisten aller Wasser- und Sumpfvögel birgt seit alters das Motiv der naturmystischen Erklärung der Weltentstehung in sich. In den Märchen hüten sie die Schätze der Erkenntnis von den Lebensgesetzen, die derjenige erfahren kann, der sich mit diesen Zaubertieren in stiller Meditation verbindet.

Die Weihnachtsfeiertage gelten neben dem Jahreswechsel als wichtigste Orakeltage der zwölf für das persönliche Schicksal. So soll ein Mädchen, das in diesen Nächten einen Apfel teilt, an dessen Gehäuse seine Zukunft ablesen können. Unverletzte Kerne deuten auf eine beneidenswerte Gesundheit hin, während ein unversehrtes Kerngehäuse Segen und Glück in der Liebe ankündigt. Ähnlich funktioniert das Walnussorakel: Ist die Nuss hell und essbar, liegen glänzende zwölf Monate vor einem, bei einer schwarzen, vertrockneten oder verschimmelten Nuss muss man für glückliche Tage härter arbeiten.

Räucherempfehlung: Bartflechte, Mistel, Beifuß, Fichtenharz, Rainfarn, Styrax, Zimtrinde, Kardamomsamen, Salz.

Ritual: An dem Lieblingsplatz zu Hause wird eine Art Altar aufgebaut. Ausgestattet wird dieser mit Kerzen und Gegenständen, die eine besondere Bedeutung haben. Dies können Blumen, Steine, Nüsse, Räucherstoffe samt Räucherschale, Federn sowie alle anderen Gegenstände sein, die einem lieb und teuer sind. Eine besonders magische Ausstrahlung verbreiten Dinge, die man während eines Spaziergangs durch die Natur findet. Ein Altar mit brennenden Kerzen fördert die heilsame Zeit der Rückschau, der tiefen Selbsterfahrung und die Vorbereitung auf das Kommende.

Bauernregeln: »Viel Wind in den Weihnachtstagen, reichlich Obst die Bäume tragen.« – »Je dicker das Eis um Weihnacht liegt, je zeitiger der Bauer Frühling kriegt.« – »Wenn es Weihnachten flockt auf allen Wegen, das bringt den Feldern Segen.« – »Wenn's Christkindlein Tränen weint, vier Wochen keine Sonne scheint.« – »Bringt das Christkind Kält' und Schnee, drängt das Winterkorn in die Höh'.« – »Im Januar (dem Monat der ersten Rauhnacht) viel Regen, wenig Schnee, tut Saaten, Wiesen und Bäumen weh.« – »Schläft im Januar das Grün, werden Feld und Wald bald blühn.«

26. Dezember, zweite Rauhnacht – Weihnachten

Am 26. Dezember erinnert die Kirche an ihren ersten Märtyrer Stephanus (5–34). Zu seinem Gedenken traf man sich früher zu einem festlichen Essen mit gutem Wein. Eine Tradition, die heute noch häufig an diesem Tag zelebriert wird, deren Ursprung allerdings in Vergessenheit geraten ist. In vielen Gemeinden finden am zweiten Weihnachtsfeiertag Umritte zu Ehren des heiligen Stephanus statt, dem Schutzpatron der Reisenden, Böttcher, Kutscher, Maurer, Steinhauer, Pferdeknechte, Weber, Schneider und Zimmerleute. An diesem Festtag werden vielerorts die Pferde gesegnet. Ein Brauch, der auf heidnischen Kultritualen beruht. Wer ein Pferd besitzt, sollte heute durch die schneebedeckte Winterlandschaft galoppieren und so das edle Tier vor Hexen, Druden und Gelenkbeschwerden schützen.

Einer alten Sage nach soll man Weihwasser aus der Christnacht in die Quellen und Brunnen gießen, damit sie niemals versiegen.

Das Pferd steht dennoch im Mittelpunkt dieser Rauhnacht. Welche Hilfen stellt es uns bereit? Welche Lebensabenteuer können wir mit diesem majestätischen Wesen bewältigen, und wie erweitert es unser Bewusstsein? Schon altsteinzeitliche Felsmalereien beweisen die magischen Kräfte von Pferden. Weiße und goldene Rösser ziehen die Kampfwagen der stolzen Sonnengötter und demonstrieren deren vitale Lebenskraft. Sie überwinden die Wege schneller als das Licht und stellen die Transportmittel der Götter aus Asgard zu den Menschen nach Midgard dar. Mit ihrer Kraft bändigt die Vernunft die Energie der Leidenschaft und siegt der Geist über die Mächte der Dunkelheit. Sie symbolisieren die Weisheit, den Zauber der Erotik und das weibliche Feuer. Wer sich mit Pferden umgibt, gewinnt Instinktsicherheit und befreit sich von den Fesseln der geistigen Gefangenschaft. Lassen wir uns mit der Seele der Pferde ein, führen sie uns zu neuen Bewusstseins- und Daseinsebenen.

Im Märchen »Die Gänsemagd« erfährt der Leser viel über die übersinnlichen Fähigkeiten dieser edlen Tiere. Falada, das sprechende Pferd der Königstochter, weckt in ihr instinktiv die Kraft des Verstandes, der Leidenschaft und Weisheit, als sie trotz ihrer edlen Herkunft dazu gezwungen wird, als Gänsemagd zu arbeiten. Erst durch Entsagung, Irrtümer und Leid findet eine Seele zurück zu ihrem Ursprung. Wenn sie der überwältigenden Kräfte ihrer Natur bewusst wird, erlebt sie das erhabene und leidenschaftliche Leben, für das sie bestimmt ist.

Das Thema der dritten Rauhnacht findet sich in der Leidenschaft und Vernunft wieder. Beide bedingen sich gegenseitig, denn herrscht die Vernunft allein, so engt sie ein und raubt uns die Freiheit. Lassen wir der Leidenschaft freien Lauf, wird sie uns mit ihrem Feuer zerstören. Beide möchten in Harmonie zusammenleben und sich jeden Tag wieder neu gebären.

Wir stellen uns ein Glas heißen Weihnachtspunsch vor den Baum, setzen uns auf das Fell, schließen die Augen und begeben uns erneut auf eine wunderliche Reise in die Welt der Mysterien, die uns den Kosmos des Glücks offenbaren. Die Zeit, in der sich Sehnsucht und leise Melancholie ins Glück mischen und man der Kälte mit Gemütlichkeit begegnet.

Räucherempfehlung: Mistel, Weihrauch, Blattgold, Sternanis, Kardamomsamen, Salz.

Ritual: Sammeln Sie während eines Spaziergangs durch die Natur schöne oder bemerkenswerte Kleinigkeiten, die Sie auf dem Weg finden. Das können Steine, Zweige und Rindenstücke von Büschen und Bäumen, Eicheln, Blätter und Bucheckern sein, die die Inspiration beflügeln und mit der zaubervollen Kraft der Schöpfung verbinden. Beim Sammeln zählt vor allem, mit Achtsamkeit durch die Umwelt zu gehen und die Gedanken auf das Hier und Jetzt zu lenken.

Bauernregeln: »Bringt Sankt Stephan Wind, die Winzer nicht erfreuet sind.« – »Windstill soll Sankt Stephan sein, soll der nächste Wein gedeihn.« – »Scheint am Stephanstag die Sonne, so gerät der Flachs zur Wonne.« – »Wenn's im Februar (dem Monat der zweiten Rauhnacht) nicht schneit, kommt die Kält' zur Osterzeit.« – »Februar mit Frost und Wind, macht die Ostertage lind.« – »Im Februar zu viel Sonne am Baum, lässt dem Obst keinen Raum.«

27. Dezember, dritte Rauhnacht – Tag des Johannes

Am 27. Dezember, der dritten Rauhnacht, gedenkt das Christentum des Apostels Johannes (nicht Johannes des Täufers). Da Jesus ihn unter allen Jüngern am liebsten mochte, vertraute er ihm in seinen letzten Lebenszügen seine Mutter an. Der Legende nach versuchten seine Widersacher, ihn mit einem Getränk zu vergiften, was ihnen allerdings nicht gelang. Nach alter Tradition weiht man zu seinem Gedenktag in festlichen Gottesdiensten mancher Winzerorte immer noch Wein in der Kirche, nimmt diesen mit nach Hause und bewahrt ihn unter dem sogenannten Herrgottswinkel auf (an einem mit dem Kruzifix gestalteten Ort in der Wohnung). Diesem Ritual wird ganz besonders starke spirituelle Wirkung zugesprochen, denn alle, die von dem gesegneten Wein trinken, sollen zum einen vor giftigen Krankheiten und Seuchen bewahrt bleiben, und zum anderen soll die Gesundheit des Leibes und das Heil der Seele erhalten werden.

Während das Christentum den Wein mit dem Apostel Johannes assoziiert, weihten unsere heidnischen Vorfahren diesen Zaubertrank ihrem obersten Gott Wotan. Zu den geheimnisvollen Getränken unserer Ahnen gehörten auch Bier und der Honigwein, genannt Met. Sie bestanden nicht überwiegend aus Alkohol, sondern wurden mit aphrodisischen und psychoaktiven Zusätzen versorgt. Dazu zählten Kräuter wie Tollkirsche, Alraune und Bilsenkraut. Diese regten die Kreativität an und setzten Inspirationen in Gang. Es war der süße Wein, der Wotan mit den gefallenen Kriegern in Walhall trank, wo seine Töchter, die Walküren, diesen Kräuterzauber immerwährend nachschenkten.

Nach der *Edda* zapften Zwerge Blut aus den Adern des Riesen Kwasir und brauten diesen Zaubertrank vermischt mit Honig in edlen Kesseln. Wotan gelang es, den Wein samt Rezept zu stehlen und den Menschen bis ans Ende ihrer Tage in einer nicht versiegenden Quelle zugänglich zu machen. Ihm zu Ehren hinterließen uns die Germanen den Runenstein von Tjängvide auf der Insel Gotland, der Wotan auf seinem achtbeinigen Pferd Sleipnir mit einem Trinkhorn in der Hand zeigt.

In dieser zaubervollen Nacht machen wir uns Gedanken um die Nahrung, mit der wir täglich unseren Körper stärken. Das sollte zu unseren heiligsten Aktivitäten gehören, und unsere Tafel sollte nur mit den reinsten Früchten des Feldes und Waldes wie ein Altar geschmückt sein. Jeder Bissen und jeder Schluck lebt in unserem Körper weiter, durchdringt jede einzelne Zelle unseres Leibes. Wir duften wie die verspeisten Früchte und die verzehrten Weine und erblühen wie die Quellen und Kräfte des Lebens.

Fernab der Supermärkte wachsen die heilsamsten und nährreichsten Pflanzen voller Magie und Zauberkraft. Jedes Jahr begrüßen sie uns auf den langen Streifzügen durch die Natur, doch selten bleiben wir stehen, um sie zu ernten. Ihre Geistseelen rufen uns zu, wie sie schon seit der Steinzeit unverändert mit den Menschen kommunizieren. Doch immer weniger Zeitgenossen vernehmen ihre Stimme. In den Rauhnächten lernen wir, wieder mehr den Rufen aus der Natur zu lauschen, die die Weisheiten und Erkenntnisse unserer Ahnen jedem zurufen, der sie hören möchte.

Bei den Wanderungen durch Midgard, die Landschaft der Menschenwelt, kann plötzlich aus dem Nichts ein Fuchs auftauchen und den erschrockenen Spaziergänger mit seinem Blick fesseln. Als Führer und Begleiter zur Anderswelt verbindet er uns mit der magischen Kraft der Ahnen und öffnet damit die geheimen Pforten zu unserer Seele. Seine scharfen Sinne, seine Vorsicht und Raffinesse machen ihn zu einem hilfreichen Ratgeber bei der Suche nach dem eigenen Glück. Er symbolisiert Eigenschaften wie Geistesgegenwart, kluges Handeln und Sinnesschärfe und unterstützt mit seiner weisen Intuition die Menschen bei ihren Übergängen und Aufbrüchen in neue Welten.

In den Übergangszeiten, den Tagen zwischen den Jahren, wenn das alte Jahr zur Neige geht und das neue schon auf der Schwelle steht, spricht die Stimme des Schicksals ja besonders laut zu uns

und fragt: »Gehe ich den Weg meines Herzens?«, »Folge ich meinen Träumen?«, »Was sagt die Stimme aus den Kindertagen?« – und so weiter. Diese verborgene Stimme finden wir in vielen Märchen wieder. So erzählt die Geschichte vom »Goldenen Vogel«, wie ein Fuchs drei Königssöhnen Hilfe leistet, die den Boden der Wirklichkeit unter ihren Füßen verloren haben. Nur der jüngste von den dreien ist zu einer Läuterung bereit und wird dafür von dem Fuchs belohnt. Dieser zwingt ihn allerdings dazu, ihm, dem Fuchs, Kopf und Pfoten abzuschlagen.

Solche einschneidenden Ereignisse in einem Märchen zeigen den Weg zum Übersinnlichen. Das Abschlagen der lähmenden, belastenden Vergangenheit ist notwendig, um wieder in den Zustand höchster Geistesgegenwart zu gelangen. In dieser Rauhnacht kehren wir in uns und verabschieden alle negativen Erlebnisse, die uns um den Schlaf bringen, wir schlagen sie ab und erholen uns damit von den hinderlichen Spuren des vergangenen Jahres, um unser Schicksal neu zu weben. Mit einem Feuerritual gelingt dieser Abschied besonders wirkungsvoll. Alles Lähmende und Belastende wird auf einem Blatt notiert und anschließend in einer feuerfesten Form, beispielsweise einem Blumentopf aus Ton, verbrannt.

Räucherempfehlung: Kräuterbuschen aus neunerlei Pflanzen.

❄

Ritual: Bei einem Spaziergang durch die winterliche Natur sucht man ein paar Steine, die einen besonders anziehen, reinigt sie und legt sie in eine Glaskaraffe, die mit Quellwasser gefüllt wird. In Flüssigkeit getaucht, können sie ihre gesamte energiereiche Zauberkraft vollständig entfalten. Steine wirken verblüffend stark stimulierend auf Körper, Geist und Seele. Ihre geheimnisvolle kosmische Urkraft wirkt heilend und glücksbringend zugleich. Während des Tages können Sie immer wieder ein Glas von dem kraftvollen, magischen Wasser trinken.

❄

Bauernregeln: »Hat der Evangelist Johannes Eis, dann macht es der Täufer (gemeint ist Johannes der Täufer mit Gedenktag am 24. Juni) heiß.« – »Ein feuchter März (der Monat, für den die dritte Rauhnacht steht) ist des Bauern Schmerz.« – »Fürchte nicht den Schnee im März, darunter schlägt eine warmes Herz.« – »Märzenregen, Sommer trocken – und die Ähren bleiben hocken.« – »Der März soll wie ein Wolf kommen und wie ein Lamm gehen.«

28. Dezember, vierte Rauhnacht – Tag der unschuldigen Kinder

Diese Rauhnacht erzählt von dem Mord an den bis zu zwei Jahre alten Knaben, die König Herodes töten ließ, um auf diese Weise den neugeborenen Jesus zu eliminieren, durch den er seine Herrschaft bedroht sah. Unter dem Schutz von Frau Holle gehen in dieser Nacht die ermordeten Kinderseelen umher. Sehr sensitive Menschen können die Kleinen mit ihrem leisen Wimmern und Klopfen wahrnehmen, wenn sie unter dem Schutz der Großen Göttin an ihrem Haus vorbeiziehen. Vorsorglich stellen die Menschen ihnen als Wegzehrung eine Schüssel mit Suppe und Getreidebrei auf einen Holztisch vor der Eingangstür sowie eine Karaffe mit Wasser. Früher schlüpften gern Kinder in die Rolle dieser armen Seelenverwandten und erbettelten Äpfel, Birnen, Kletzen (Dörrbirnen), Brezeln, Nüsse und Lebkuchen. Dafür brachten sie den edlen Spendern mit einem Segensspruch Glück und Erfolg ins Haus. Mit den unschuldigen Kindern ziehen nach altem Glauben die noch vor ihrer Taufe verstorbenen Säuglinge und die noch ungeborenen Kinder durch die Dunkelheit, die im folgenden Jahr zur Welt kommen sollen.

In manchen Teilen Österreichs ist es bis heute Brauch, sich gegenseitig mit immergrünen Zweigen aus Rosmarin, Tanne, Kiefer oder Buchs sanft zu schlagen, damit dauerhaftes Glück übertragen wird. Dieses Pfeffern, wie man es nennt, war früher auch in ganz Deutschland Usus. Dabei ertönte der Spruch: »Fitzel, Fitzel gut? Schmeckt der Pfeffer gut?« Anschließend saß man zusammen und trank bei köstlichem Pfefferkuchen und Gebildegebäck (Gebäck in Form von figürlichen Darstellungen) Milch, Wein, Honigmet und Tee aus selbst gesammelten Kräutern, Fichten- und Tannenzweigen.

In der vierten Rauhnacht stehen die Kinder im Mittelpunkt des Geschehens. Wir sollen uns bewusst werden, dass die Kinder zwar durch Vater und Mutter auf die Welt kommen, nicht aber deren Besitz sind. Sie werden als die Söhne und Töchter der Sehnsucht des Lebens nach sich selbst beschrieben, die die Liebe von Vater und Mutter erfahren sollen, nicht aber deren Gedanken. Diese müssen sie selbst aus ihrem Inneren heraus erspüren und nach ihnen leben. So erfahren sie ihre Aufgabe im Leben und dessen Sinn, um mit den anderen Menschen, die sie umgeben, eine Einheit zu bilden. Versucht man, sie fremdzusteuern, indem man sie von ihrer inneren Stimme trennt, gesellschaftlichen Zwängen unterwirft und mit anderen gleichzumachen trachtet, werden sie krank und fallen aus dem harmonischen Zirkel heraus. Das Haus ihrer Seele müssen sie selbst erbauen, um ihrer inneren Stimme zu folgen, die ihnen der Storch Adebar eingehaucht hat, als er sie aus der geistigen Welt in den Lebensraum der Menschen gebracht hat.

Das Märchen von Hänsel und Gretel birgt für diesen Tag einen Erlebnisschatz. Es erzählt die Geschichte von einem Geschwisterpaar, das von seinen Eltern im Wald ausgesetzt wird. Sie gelangen an ein verwunschenes Häuslein, das aus süßem Kuchen und Zuckerguss besteht. Diese Leckereien sollen die Verlockungen im Alltag darstellen, die uns Menschen vom vorbestimmten Weg abbringen und Erfahrungen von oft großem Leid und Gefahren durchleben lassen. Wenn sich das Ich, die uns innewohnende Kraft der Schöpfung, durchsetzt, gepaart mit einer unumstößlichen Durchsetzungskraft, indem wir das Laster, repräsentiert durch die Hexe, verbrennen, dann gelingt der Weg in ein Leben, das uns mit den Edelsteinen der Weisheit belohnt.

Die Seele hat dann den Pfad der Einweihung betreten, um die Schätze eines höheren Bewusstseins in Empfang zu nehmen.

Die treuen Begleiter der Kindheit sind Katzen und Hunde. Sie erwecken in den Kindern Selbstvertrauen, geben ihnen Sicherheit und schützen sie wie wohlwollende Feen vor Gefahren. Sind die Eltern aus dem Haus, übernehmen sie die elterliche Fürsorge und legen ihre weiche Pfote gern schützend auf das Haupt eines schlafenden Kindes. Schon in den ersten Lebensjahren zeigen sie den Kleinen einen mentalen Weg zur Weisheit und sind verständnisvolle Kameraden der Wandlungsprozesse eines Kindes zum Erwachsenen. Ihnen erzählen Kinder alles das, wofür sie bei ihren Eltern möglicherweise auf taube Ohren stoßen. Der sanfte und verständnisvolle Blick des Tiers zeigt ihnen, wie sie den Weg durch die steinigen Pfade des Lebens besonnen beschreiten können. Als treue Begleiter in schweren Stunden transformieren sie ihre heroische Lebenskraft auf ihre kleinen Spielgesellen. Aus dem Reich der Göttin Holle als Schutzengel der Kinder gesandt, spenden sie ihren Schützlingen friedliche Ruhe, vollkommene Entspannung oder einen Zustand der Trägheit und Muße.

Räucherempfehlung: Rosenblüten, Styrax, Lavendel, Salz.

✻

Ritual: Stellen Sie sich einen magischen Medizinbeutel her. Dazu wird ein kleiner Leder- oder Jutebeutel verwendet und mit Gegenständen gefüllt, die Sie bei Ihren Streifzügen durch die Natur finden. Dies können Federn, Nüsse, getrocknete Kräuter, Steine, kleine Teile von Baumzweigen, Baumharz und viele andere kleine Objekte sein, denen Sie intuitiv eine Bedeutung beimessen. Tragen Sie diesen Beutel immer bei sich und spüren Sie den Schutzzauber, der von den Kraftgegenständen während und auch nach den heiligen Rauhnächten ausgeht.

✻

Bauernregeln: »Haben's die unschuldigen Kindlein kalt, so weicht der Frost nicht gar so bald.« – »Sitzen die unschuldigen Kindlein in der Kälte, vergeht der Frost nicht in Bälde.« – »April (der Monat, für den die vierte Rauhnacht steht) warm und nass, tanzt die Magd ums Butterfass.« – »Siehst du im April die Falter tanzen, magst du getrost im Garten pflanzen.« – »Ist der April schön und rein, wird der Mai umso wilder sein.«

29. Dezember, fünfte Rauhnacht – Davidstag

Am 29. Dezember feiert die katholische Christenheit den Gedenktag des heiligen David (1040–965 v. Chr.). Er ist der Stammvater des Geschlechts, in das Jesus tausend Jahre später hineingeboren wurde. Vom Volk wird der Hirtenjunge bewundert, nachdem er den Riesen Goliath mit einer Steinschleuder besiegt und als König die göttliche Bundeslade aus den Händen der Philister zurückerobert hat.

Bei den Germanen jagt er als Wotan während der unheilvollen Nächte durch die Lüfte. Das Mittelalter nannte das Sternenbild des Großen Wagens voller Bewunderung und Ehrfurcht »Davidswagen«, die damaligen Mediziner heilten die Kranken mit Davidstee, die Bevölkerung schützte sich mit dem Davidsstern vor Feuer und bösen Geistern und feierte seinen Ehrentag mit Masken, Tanz und Süßigkeiten. David gilt als Inbegriff eines idealen, weisen Herrschers. Nach altem Volksglauben schützt David vor allem gegen Feuer und Unfälle beim Vieh und sichert auf diesem Wege das Lebensglück.

Das Glück soll Thema dieser fünften Rauhnacht sein. Viele Menschen sind darüber verbittert, dass ihnen Fortuna nicht hold ist. Aber stimmt das wirklich? Stellen sie vielleicht nur zu hohe Ansprüche an das Glück? Das Sprichwort »Besitz belastet« zeigt uns den Schlüssel zum Glück. Wenn wir schöne Momente festhalten und dadurch besitzen möchten, dann werden wir traurig, sobald der Abschied naht. Ändern wir unseren Blickpunkt und freuen uns darüber, dass wir diesen schönen Augenblick genießen durften, entfaltet sich ein ungeahnter

Reichtum unserer Seele, es stellt sich ein Glücksgefühl ein. Je älter der Mensch wird, desto mehr erkennt er: Wir können noch so viele Güter besitzen – sie werden uns nicht glücklich machen. Befreien wir uns von den Bedürfnissen, die andere in uns wecken, weil sie ein Geschäft mit uns wittern. Sprengen wir die Ketten dieses Sklaventums. Atmen wir wieder Freiheit, und lösen wir uns von den Zwängen des Alltags und der Erwartungshaltung der Gesellschaft, Freunde und Familie. Hören wir wieder auf unsere innere Stimme, die genährt wird aus der Geschichte unserer Vorfahren, die immer wieder zu uns sprechen, wenn wir die Früchte der Schöpfung wahrnehmen: Die Sonne, der Mond und jeden Baum, jedes Kraut, jede Blume, jeden Stein, jede Quelle – all diese Naturerscheinungen nähren den Brunnen der Erinnerung und bringen uns dem Lebensglück ein Stück näher.

Welches Märchen passt besser zu diesem Lebensgefühl als die Geschichte vom »Hans im Glück«? Nach sieben Jahren harter Arbeit fern der Heimat erhält Hans zum Lohn einen großen Klumpen Gold. Auf dem Weg nach Hause zu seiner Mutter lernt er die Verlockungen des Lebens kennen und beginnt mit Tauschgeschäften. So wechselt er das Gold gegen ein Pferd, das Pferd gegen eine Kuh, die Kuh gegen ein Schwein, das Schwein gegen eine Gans und die Gans gegen einen Schleifstein, der ihm schließlich in einen Brunnen fällt. Befreit von jeglichem Besitz und damit frei von jeder Last, trifft er überglücklich wieder bei seiner Mutter ein.

Räucherempfehlung: Rainfarn, Weihrauch und Styrax.

❄

Ritual: Stellen Sie einen Ahnentopf an einen energie-starken Platz im Haus, in der Wohnung oder im Garten auf. Dabei handelt es sich um ein Gefäß, in das Erinnerungsstücke verstorbener Vorfahren gelegt werden, die Sie im Leben begleitet haben. Dies können Schmuckstücke, Fotos, Briefe, einfach alle Objekte sein, die an die betreffenden Personen erinnern. Jedes Mal, wenn der Topf berührt oder der Inhalt in die Hand genommen wird, tauchen Bilder aus vergangenen Glücksmomenten vor dem geistigen Auge auf, die das Urvertrauen stärken und den Kontakt mit der eigenen Kraft herstellen.

❄

Bauernregeln: »Schneit's am Tag nach unschuldige Kindl, fährt der Januar gar hart in die Schindel.« – »Wenn's im Mai (dem Monat, für den die fünfte Rauhnacht steht) viel regnet, ist das Jahr gesegnet.« – »Mairegen auf die Saaten, dann regnet es Dukaten.« – »Regen im Mai, bringt Wohlstand und Heu.« – »Im Mai zartes und duftiges Gras, gibt gute Milch ohn' Unterlass.«

30. Dezember, sechste Rauhnacht – Bauernsilvester

Diese Nacht ist im Christentum der Heiligen Familie gewidmet, also Maria, Josef und Jesus. Daher wurde früher stets ein gemeinsames Abendmahl mit der komplett versammelten Familie eingenommen, zu dem man traditionell Schweinefleisch und Kraut reichte. So sollte sinnbildlich das Gemeinschaftsempfinden gestärkt und der Zusammenhalt in guten und schlechten Tagen besiegelt werden.

In der heutigen Nacht braust die Wilde Jagd wieder durch die raue Nacht und prüft die Menschen nach ihren Tugenden. Um sie friedlich zu stimmen, wurden und werden immer noch vielerorts geweihte Plätzchen und guter Wein vor die Türen oder auf Fensterbänken platziert. Nach altem Glauben verzehren die Ahnengeister in der Dunkelheit, wenn alles schläft, die Energie dieser Nahrung und bedanken sich dafür mit dem Schutz der Bewohner im folgenden Jahr.

Seit geraumer Zeit feiern die Menschen genau einen Tag vor dem 31. Dezember Bauernsilvester. Der Legende nach geriet vor langer Zeit ein Bauer in ein Schneetreiben und kam vom Weg ab. Dabei traf er ein bärtiges Waldmännlein, das sich freute, einen Kameraden gefunden zu haben, mit dem er Silvester feiern konnte. Er wollte den Bauern erst im neuen Jahr weiterziehen lassen und den Jahreswechsel mit ihm begehen. Doch am nächsten Tag, dem 30. Dezember, gelang es dem klugen Landwirt, den erstaunten Waldbewohner davon zu überzeugen, dass Silvester immer am 30. Dezember gefeiert würde. So schaffte er es, den traditionellen Silvesterabend doch noch im Kreis seiner Familie zu feiern.

Zum Jahreswechsel sollten wir uns eine ganz wesentliche Frage stellen, die unseren Alltag jahrzehntelang bestimmt. Bringt die tägliche Arbeit meine Seele zum Tanzen? Dringt meine Arbeit in die geheimsten Pfade der Erde ein? Verspüre ich die Liebe des Universums, wenn ich all meinen Tätigkeiten nachgehe? Oder macht sich Finsternis breit? Der Geist bestimmt den Weg des Lebens. Die Steine darauf können mit der stets gegenwärtigen Hilfe der Ahnen überwunden werden und zu Diamanten verwandelt werden. Wer widerwillig eine Suppe kocht, der wird sie versalzen; und wer gegen seinen Willen einen süßen Kuchen backt, der wird ihn im Ofen verbrennen. Arbeit bedeutet sichtbar gemachte Liebe. Wer diese Liebe nicht spürt, der entfernt sich von seinen Träumen und der wohlwollenden Stimme des Universums. Das Lied des Windes ist dann verstummt, und die Bitterkeit des Lebens dringt durch die Pforten seines Herzens ein.

Wie alle Tiere, die in der kalten, frostigen Jahreszeit einen Winterschlaf halten, symbolisiert auch der Igel neues Leben nach der dunklen, toten Zeit. Überall, wo er auf Menschen trifft, verströmt er ein Gefühl von Glück, Harmonie und Frieden. Als Wächter über die kosmische Ordnung wirkt er gegen das Böse der teuflischen Mächte. Seine Fähigkeit, sich bei Gefahr blitzschnell zu einer stacheligen Kugel zusammenzurollen, macht ihn zum Sinnbild für umfassenden Schutz und Klugheit. Mit seiner Ausstrahlung von Geborgenheit und seinem treuen Blick gewinnt er schnell die Menschen zum Freund und verbindet dies mit ihrer Fürsorgepflicht, ihn im Winter aufzunehmen, wenn er diesen nicht zu überleben droht. Er lohnt es mit einem wahren Schatz an Naturerfahrung und Weisheit für das ganze Leben.

In dem Märchen »Der Hase und der Igel« kommen viele Tugenden des Igels zum Vorschein. Bei einer zufälligen Begegnung verspottet ein Hase den Igel wegen seiner schiefen Beine. Der kluge stachelige Geselle fordert den arroganten Meister Lampe daraufhin zu einem Wettrennen auf, dem der Hase siegessicher zustimmt. Leider verliert er durch eine List des Igels das Rennen, das 73 Mal wiederholt wird. Zum Schluss stirbt der Hase aus Erschöpfung, ohne den Trick seines Herausforderers durchschaut zu haben.

Räucherempfehlung: Wacholder, Styrax, Salz, Kräuterbuschen.

Ritual: Das Entzünden einer Kerze strahlt Ruhe aus und bringt uns zur Besinnung. Alltagsprobleme erscheinen im Angesicht des warmen Lichts der goldenen Flamme gar nicht mehr so groß, und plötzlich, im Zustand tiefster Entspannung, purzeln die Lösungen wie ein Wasserfall vor dem geistigen Auge hinunter. Die größte Wirkung eines Kerzenrituals erzielt man an dem Lieblingsplatz zu Hause.

Bauernregeln: »Sitzt die Heilige Familie in der Kälte, vergeht der Frost nicht in Bälde.« – »Bringt der Juni (der Monat der sechsten Rauhnacht) trockne Glut, dann gerät der Wein recht gut.« – »Gibt's im Juni Donnerwetter, wird auch das Getreide fetter.« – »Im Juni viel Donner, bringt einen trüben Sommer.«

31. Dezember, siebte Rauhnacht – Silvester

Der letzte Tag des Jahres ist natürlich etwas ganz Besonderes. Die Tatsache, dass sich viele Menschen bereits Wochen vorher Gedanken über einen rauschenden Jahresausklang an Silvester machen, dem Todestag des Papstes Silvester im Jahr 335, um die zurückliegenden zwölf Monate mit allen Höhen und Tiefen noch einmal Revue passieren zu lassen und Pläne für die Zukunft zu schmieden, erhebt den 31. Dezember zu einem außergewöhnlichen, mystischen Datum. Den Höhepunkt bilden die Feierlichkeiten am Silvesterabend, wenn das alte Jahr mit traditionellen Bräuchen, viel Getöse und farbenfrohen Feuerwerken gebührend verabschiedet wird. Wen symbolisiert Silvester? Warum feiern wir den Jahreswechsel? Was bewirken die aus weit zurückliegenden Zeiten überlieferten Rituale?

Das Wort »Silvester« ist lateinischen Ursprungs und bedeutet so viel wie »der Waldbewohner«. Außerdem zog unter diesem Namen der Gott des Waldes durch die dunklen Wälder unserer Vorfahren und ermunterte sie zu wilden Festen im heiligen Hain, seinem mystischen Tempel. Er symbolisiert Lebenskraft und Fruchtbarkeit und verkörpert die Freiheit der Natur, der Wildnis und des Menschen.

Silvester ist die letzte Rauhnacht im alten Jahr und durchflutet unsere Sinne in jedem Moment mit einem besonders starken Zauber an Wildheit und Freiheit. Begeben Sie sich auf einen meditativen Spaziergang in einen tiefen dunklen Wald, um den Tag besinnlich zu begehen, um Ihre Wurzeln und Urseele zu spüren. Der weiche Boden, der unter den Füßen federt, und der würzige Duft verbinden Sie mit der anderen Seite des Waldes, wo die unsichtbaren und nicht greifbaren Naturgeister, von denen zauberhafte Märchen und geheimnisvolle Mythen erzählen, in Pflanzen, Bäumen, Steinen, im Wind, in der Erde und im kristallklaren Wasser unterwegs sind.

Jedes Rascheln im Laub, jeder zarte Lufthauch, der Ihre Wangen berührt, und jeder Duft, den Sie so tief einatmen, dass er für immer in Ihnen verweilen möge, weiht Sie in die Geheimnisse Ihres einzigartigen Daseins ein, die Antworten auf Fragen in Ihrem Leben geben und sogar Bausteine sein können, die die Wahrheit von ungelösten und oft verschwiegenen Familienschicksalen ans Licht bringen können. Die majestätischen Baumriesen sprechen über Ihre Sinne zu Ihnen, sie verhalten sich nicht stumm. Wer sie hören soll, zu dem werden sie sprechen. Sie werden Ihr Los preisgeben und Sie mit ihrem unvergesslichen Wohlgeruch und ihrer erhabenen Erscheinung beschenken, die Gefühle und Eingebungen vermitteln, die Sie durch das ganze Jahr hinweg begleiten.

In dieser Rauhnacht kriecht oft Nebel über den weichen Waldboden, der die Pforten zur Anderswelt besonders weit öffnet. Genau jetzt ist die richtige Zeit, um die Stimme des Waldes wahrzunehmen. Jeder Schritt, jeder Blick, jedes Tun – alles wird beobachtet und belauscht von den unsichtbaren und geheimnisvollen Waldbewohnern.

Die Freiheit steht im Mittelpunkt dieser Rauhnacht, denn im Wald spüren wir die Unendlichkeit unserer Möglichkeiten, die Grenzenlosigkeit unseres Tuns und die Tatsache, dass wir die Fesseln unseres Lebens selbst gewählt haben. Unsere Sehnsüchte und Ängste wohnen tief in unserem Herzen genau wie das Streben und die Flucht.

Die Silvester-Rauhnacht ist geprägt von vielen Ritualen, die uns auf das neue Jahr vorbereiten, uns Glück und Zuversicht schenken sollen. Rituale verfeinern die Wahrnehmung der Sinne, sie schärfen das Gespür für die unsichtbare Wirklichkeit, sie leisten magische Hilfe bei der Überwindung scheinbar unüberwindbarer Hindernisse, bringen uns in Kontakt mit der eigenen Kraft und dem kosmischen Zauber aller Wesen und Dinge, die uns jederzeit umgeben.

Als Glücksbringer zur Jahreswende werden gern Pflanzengestecke mit Fliegenpilznachbildungen verschenkt. Der Pilz verkörpert die Fähigkeit der Menschen, in Trance zu verfallen und zu einem schamanischen Flug in andere Welten aufzubrechen. Seine rote Farbe steht für Lebenskraft, Leidenschaft und den Zauber eines menschlichen Lebens, während die weißen Punkte den Lebenssamen, Güte, Reinheit, Vollkommenheit und Neugierde repräsentieren. Gemeinsam symbolisieren sie den magischen Flug in andere Welten, wo wir unser Lebensglück finden.

Dem Pilz zur Seite steht der Schornsteinfeger, der die Tore zur Anderswelt sauber fegt und für die bessere Wahrnehmung der unsichtbaren Welten sorgt. Erfahrungsgemäß steigen Ahnengeister, Nikolaus und Santa Claus durch den Schornstein, dem Verbindungskanal vom Diesseits und Jenseits, in die Häuser der Menschen ein, wenn sie durch Gedanken ernst gemeint gerufen werden. Demgegenüber stehen die Märchenfiguren, die durch den Flug durch den Schornstein in die unsichtbaren geistigen Welten eindringen, Selbsterkenntnis gewinnen und geläutert wieder zu ihrer Familie zurückkehren, wie beispielsweise in dem Märchen »Däumerlings Wanderschaft«. Darin geht es um einen kleinen Jungen, der als junger revolutionärer Geist ohne Respekt vor den Schätzen der Weisheit das Elternhaus verlässt und frei von allen schützenden Kräften der geistigen Welt eine spirituelle Einweihung erfährt.

Das Symboltier dieser rauen Nacht ist der Marienkäfer. Markiert er doch das Glück für jedermann, der ihn in Form von Schokolade, Marzipan oder künstlichen Schmuckstücken auf Kleeblättern zu Silvester und Neujahr geschenkt bekommt. Er gilt als sicheres Orakel in landwirtschaftlichen Fragen, für gesellschaftlichen sowie privaten Wandel. Der zierliche Käfer verspricht Wachstum, Fruchtbarkeit, Weisheit und Erkenntnis. Als Bote des Frühlings verkörpert er die Neugeburt der Sonne und unsterbliches Leben. Schon jedes Kind ist schier entzückt, wenn der kleine Kamerad sich auf seinen kleinen Ärmchen niederlässt und gemütlich darauf entlangkrabbelt. Seit mehreren tausend Jahren assoziiert der Mensch den winzigen Gesellen als Diener von Sonne und Mond mit der Befreiung der Seele von der körperlichen Hülle und der Reise zur ursprünglichen Heimat. Sein magischer Wert wird durch die sieben schwarzen Punkte auf seinem Rückenschild noch erhöht, die auf den Glückskäfern aus Schokolade an Silvester in weißer Farbe dargestellt werden, da sie den Samen der Erde widerspiegeln sollen, der die Fruchtbarkeit des Landes sichern muss.

Räucherempfehlung: Fichtennadeln, Styrax, Kümmelsamen, Lavendel.

Ritual: Mit einem Teeritual gelangt man in einen Zustand der Tiefenentspannung, Ruhe und Ausgeglichenheit. Am besten eignet sich dazu eine Teekanne und Tasse aus Glas, denn so genießt man dieses wohltuende Getränk nicht nur über die Geschmacksknospen, sondern auch mit dem Auge. Wie gewohnt können Sie Ihren Lieblingstee zubereiten, sich gemütlich hinsetzen, mit beiden Händen die Teetasse umfassen (sobald es die Temperatur zulässt) und das Getränk mit allen Sinnen genießen. In einem solchen Zustand breitet sich innerliche Stille aus, und die ganze Wahrnehmung wird auf den Moment gelenkt. Erkenntnisse und Gedanken, die einem in den Kopf kommen, kann man in einem kleinen Büchlein notieren und auf einer Art Altar aufbewahren.

Bauernregeln: »Silvesternacht düster oder klar, sagt an ein gutes Jahr.« – »Wenn's Silvester stürmt und schneit, ist Neujahr nicht mehr weit.« – »Silvester wenig Wind und Morgensonn', gibt viel Hoffnung auf Wein und Korn.« – »Silvesterwind und warme Sonn', verdirbt die Hoffnung auf Wein und Korn.« – »Juli (der Monat der siebten Rauhnacht) Sonnenstrahl, gibt eine gute Rübenzahl.« – »Fällt im staubigen Juli zeitig Regen, ist's für die Natur von reichem Segen.« – »Wenn die Schwalben Ende Juli ziehen, sie vor baldiger Kälte fliehen.«

1. Januar, achte Rauhnacht – Neujahr

Vielerorts startet der erste Tag im neuen Jahr mit dem Backen der Neujahrsbrezeln aus Hefeteig. Die Form dieses süßen Gebäcks symbolisiert den Kreislauf des Jahres und beschwört, dass sich in den nächsten zwölf Monaten alles fügen möge, was man sich wünscht. Als nährende und sättigende Substanz kommt der Brezel zentrale Bedeutung zu, und sie strahlt göttliche Eigenschaften aus, steht sie doch sinnbildlich für die Unendlichkeit und das Gelingen des Lebens. Wie eine liegende Acht symbolisiert sie Erfüllung, Vollkommenheit und das Selbst als Ursprung und Ziel der menschlichen Entwicklung nach schicksalsmäßigen Irr- und Umwegen. Die Brezel repräsentiert den Weg der inneren Stimme, die zu einem schönen, harmonischen und stimmig empfundenen Leben führt und von Krankheit befreien kann, wenn man der Sinnlosigkeit des Daseins entkommen ist und die Fülle und den Zauber des Lebens spüren kann.

Neben diesem Gebildebrot spielt auch der vierblättrige Klee an jenem Tag eine wesentliche Rolle als Glücksbringer. Obwohl er sich im Winter tief ins Erdreich eingegraben hat, um sich an der Wärme aus der Tiefe zu laben, sollen Abbildungen desselben Lebensgenuss und Glück forcieren. Seine drei Blätter erinnern an die magische Zahl Drei, die für das Besondere steht, für Vollständigkeit und Erfüllung. Göttliche Kräfte erscheinen oft in einer Dreifaltigkeit und lösen Hoffnung und Wunscherfüllung aus. Bei Aschenbrödel sind es die drei Zaubernüsse, die ihr bei der Erfüllung ihrer drei Wünsche alles geben, was sie für eine erfüllte Zukunft braucht.

Meditation im aromatischen Bad

Warum nicht einmal den Neujahrstag mit einer entspannen-den Meditation in der Badewanne abschließen? Dazu wird ein Kraut ausgewählt, das das Tor zur Seele öffnet. Am besten eignen sich dafür betörendes tannengrünes Rosmarin, das zu-dem anregend auf Herz und Kreislauf wirkt, die beruhigende, zitronengelbschimmernde Melisse, sattgrüner, wohlduftender Thymian oder anmutig duftender Lavendel.

Von einem der Kräuter mit hohem ätherischen Ölgehalt wäh-len wir einen Esslöffel aus und mischen es mit der gleichen Menge Meersalz. In einem Mixer die Mischung zerkleinern, in einen Teefilter aus Papier geben, zuknoten und ins warme, nicht zu heiße Wasser legen. Augenblicklich liegt ein ma-gisch-mystischer Duft in der Luft. Im warmen Nass entfalten Salz und Kräuter ihre wohltuende Wirkung und lassen uns mit geschlossenen Augen ins Zauberland der Träume gleiten. Uns wird klar, diese heiligen Düfte sind dem Göttlichen geweiht, das uns durch unser irdisches Dasein führt. Sie sind sakrale Botschaften als Opfergaben und Zeichen der Ergebenheit. Ein gesunder sauberer Körper strömt einen wohlduftenden Geruch aus, der jedem Individuum eine unverwechselbare Persönlichkeit und Vollkommenheit verleiht.

Die Menschen haben ein Grundbedürfnis nach zeitlicher Gliederung und ordnen auf diese Weise ihr Leben. Wichtig ist, dass das Erlebte endet und Neues beginnt. Dieser Wandel vermittelt Geborgenheit und Sicherheit, wenn das Alte gesegnet wird und dann aus dem Alltag verschwindet, damit das Neue ins Leben treten kann. Es birgt den Beginn neuer Möglichkeiten, neuer Hoffnungen, neuer Abenteuer, die das Dasein abwechslungsreich und sinnvoll gestalten. Ebenso wichtig gestaltet sich die Wiederkehr: das Wiedererwachen der Sonne und der Natur, Aussaat und Ernte, Leben und Tod in der Gemeinschaft. Das Neujahrsfest ist eine rituelle Handlung zur Bewältigung dieser Übergänge und Wendezeiten. Im gemeinsamen Mahl mit besonderen Speisen, die sich von dem Alltagsessen abheben, zeigt die Familie und der Freundeskreis Verbundenheit, Solidarität und Zusammenhalt im neuen Jahr.

Die Taube ist die tierische Begleiterin der heutigen Rauhnacht. Im Märchen stehen diese Vögel für erotische Liebe, und oft spricht man von Turteltauben, denn wenn zwei Tauben ihre Schnäbel aneinanderreiben, erinnert diese gurrende Liebeswerbung an zärtliche Verliebtheit. Seit der Sintflut symbolisieren diese Zaubervögel die Versöhnung zwischen den Menschen und Gott, sie sind die Botschafter zwischen Himmel und Erde, sie vermitteln zwischen dem Jenseits und Diesseits und gelten schon seit vorchristlichen Zeiten als Personifizierung göttlicher Weisheit. Mit ihrer Hilfe können wir mit unseren Ahnen kommunizieren, wenn wir bei unseren Gedankengängen in der Natur oder in der Stadt plötzlich eine Taube erblicken. Schaut sie uns eindringlich an, erfahren wir Botschaften aus der Anderswelt, Antworten auf ungelöste Fragen Verstorbener, die uns plötzlich als Impuls gesendet einen Gedanken formen, der die Antwort auf viele Probleme innerhalb der Familie gibt.

Über diese magischen Vögel kommuniziert Aschenbrödel mit ihrer verstorbenen Mutter, die ihr bei der Wahl ihres zukünftigen Prinzgemahls auch aus dem Jenseits beste Hilfe leistet. Damit setzen Tauben ein Zeichen für die stark wirkende Kraft des elterlichen Verantwortungsbewusstseins über den irdischen Tod hinaus.

Tauben symbolisieren eine lebenslange Partnerschaft und Leidenschaft. In tiefer Meditation erfahren wir, dass zwei Liebende einander immer genug Raum geben sollen, dass Fesseln die Liebe vernichten und gemeinsames Singen, Tanzen und Fröhlichkeit die Liebe fördern. Gleichzeitig braucht jeder seinen privaten Tempel, das Göttliche im Zentrum unserer Seele, denn jede Quelle des Lebens wird versiegen, wenn sie im Schatten des anderen steht. Gegenseitiger Respekt, Fürsorge und Einfühlungsvermögen sind darin Erfolgsmotoren des Glücks. Zusammen das Hohelied Salomos verwirklichen, eine der schönsten Liebesdichtungen der Weltliteratur, die tiefe Sehnsucht, berauschendes Glück und nicht mehr endende Begeisterung füreinander in mystischen Zeilen glorifizieren. Mit betörenden Düften und aphrodisischen Pflanzen der Großen Göttin die Liebe, Lust und Leidenschaft anzuregen, um in mystischen Erfahrungen zu schwelgen und genussvolle Sinneserfahrungen zu erleben.

Räucherempfehlung: Kräuterbuschen, Wacholderbeeren, Bartflechte, Weihrauch, Beifuß, Rainfarn, Salz, Styrax und Lavendel.

Ritual: Die stürmischen Rauhnächte kann man wunderbar für ein Windritual im Freien nutzen. Im Wald, auf einer Wiese, im Park, im Garten oder auf dem Balkon sich in den Wind stellen, etwas Mehl in die Luft streuen und Wünsche ausrufen, zum Beispiel: »Wind, ich rufe dich, durchflute meinen Körper mit Liebe, mach mich stark, und schütz mich auf meinem Weg!«

Bauernregeln: »Die Neujahrsnacht hell und klar, deutet auf ein reiches Jahr.« – »Wenn's um Neujahr Regen gibt, oft um Ostern Schnee noch stiebt.« – »Ist der August (der Monat der achten Rauhnacht) am Anfang heiß, wird der Winter streng und weiß.« – »Stürmt es im August, gibt es weder Wein noch Most.«

2. Januar, neunte Rauhnacht – Caspar

Die heutige Rauhnacht ist Caspar gewidmet, dem Afrikaner unter den Heiligen Drei Königen. Zusammen mit Balthasar und Melchior brachte er dem Jesuskind verschiedene Gaben, wobei er sich für die Myrrhe, das Harz der Myrrhenbäume, entschieden hat, die im Altertum zu den kostbarsten Balsamen Arabiens gehörte. Nur Königen wurde diese wertvolle Gabe überbracht, die auch schon zu den acht Wohlgerüchen in Salomos Tempel gehörte. Bis zu 600 Dinare (Monatsgehalt eines Landarbeiters) bezahlte ein Kunde im Jahr 301 für ein Pfund (damals 327 Gramm) dieses wertvollen Duft- und Heilstoffes. Ihr emporsteigender Rauch diente der Kommunikation mit den Göttern.

Als kostbare Medizin wurde Myrrhe gegen allerlei Krankheiten eingesetzt und symbolisierte Gesundheit und langes Leben für den Beschenkten. Ein Amulett aus Myrrhe, Weihrauch und Gold galt in seiner Dreiheit damals vermutlich als Schutzmittel sowohl gegen Melancholie als auch gegen Skrupellosigkeit.

Des Weiteren versinnbildlichte dieses wertvolle Harz das Weiterleben nach dem Tod. Daher griffen die Priester bei der Einbalsamierung der Pharaonen auf diesen harzigen Baumsaft zurück. Für unsere Vorfahren war das Weiterleben nach dem Tod eine Selbstverständlichkeit. Deshalb finden wir in den Hügelgräbern der keltischen Fürsten goldene Trink- und Essgefäße, wertvollste Waffen und Wagen, die ihnen für das Leben im Jenseits bereitgestellt wurden.

Der Tod oder das vermutliche Weiterleben danach wird von vielen Menschen der westlichen Welt vollständig ausgeblendet, sie haben große Scheu davor, und viele sind fest davon überzeugt, dass nach dem letzten Atemzug ihr Leben für immer und ewig erloschen sei. Diese neunte Rauhnacht wollen wir dafür nutzen, tiefer in das Leben nach dem Tod einzusteigen. Was geschieht mit uns, wenn wir sterben? Gibt es verlässliche Quellen für ein Leben danach? Bin ich im Moment des Sterbens allein? Wenn wir uns frühzeitig mit diesen Fragen beschäftigen, verlieren wir die Angst vor dem Tod und gewinnen Lebensfreude und Lebensmut, beides Voraussetzungen für ein erfülltes Dasein auf dieser Erde.

In den Tagen zwischen den Jahren inspirieren uns viele Rituale zu neuen Ideen und Gedanken. Bei sensitiven Menschen findet in dieser Zeit eine Wandlung statt, und sie entwickeln paranormale Fähigkeiten: Sie werden hellsichtig, können Zukünftiges im Traum sehen oder Ereignisse durch innere Eingebung voraussagen.

Informieren Sie sich über Nahtoderfahrungen, die von Betroffenen aus allen Epochen berichtet wurden. So können im Laufe des Lebens Erblindete, die wieder erwacht sind, eine genaue Beschreibung der Kleidung und des Aussehens der Ärzte und Krankenschwestern wiedergeben, die sie während ihrer Todeserfahrung auf dem Operationstisch behandelt haben. Wer schon einmal Sterbende begleitet hat, wird feststellen, dass Menschen, die sich zu Lebzeiten mit dem Tod auseinandergesetzt haben, viel schneller für den Weg bereit sind als solche, die dieses Erleben immer verdrängt haben.

So können unsere Gedanken maßgeblich für unser eigenes Todeserlebnis sein. Spaziergänge in der Natur weitab von der Zivilisation können das Bewusstsein erweitern. Den Vögeln lauschen, dem Wasserlauf in Flüssen zuschauen, den Duft der Wälder einatmen, die klare Luft in den Bergen aufsaugen – all diese Sinnenwahrnehmungen beim Gang durch die Natur lassen die Gedanken in eine andere Dimension abtauchen, die Antworten auf Ahnungen geben, die tief in unserer Seele verborgen liegen. Mit dem Gang durch die Wildnis gelangen wir in einen Zustand höchster Konzentration und Wachheit. Meditatives Laufen beantwortet Fragen nach einem Leben jenseits unseres Daseins auf der Erde. Die Antwort auf die zentrale Frage »Was kommt nach dem Tod?« finden wir bei einsamen Wanderungen, die unsere Ängste in Hoffnung und Gelassenheit verwandeln.

Im Grimm'schen Märchen »Gevatter Tod« bekommt das dreizehnte Kind einer Familie den Tod als Paten. Dieser zeigt ihm ein Kraut, mit dem er die Menschen heilen kann, warnt ihn aber davor, sich als Herrscher über Leben und Tod zu gerieren und Todgeweihte nicht sterben zu lassen. Bald wird der Knabe ein berühmter Arzt und vergisst die Worte seines Paten. Auf der Höhe des Erfolgs stirbt er, weil er als Eingeweihter die heiligen Daseinsgesetze missachtet hat.

Räucherempfehlung: Mistel, Wacholderbeeren, Styrax, Salz.

Ritual: Die Bewohner der Anderswelt, die unsichtbaren geistigen Kräfte, die immer um uns herum weilen, kann man anrufen und um Beistand bitten. »Ihr geistigen Helferwesen, ich rufe euch, helft mir bei der Umsetzung meiner neuen Vorsätze und Ziele. Steht zu mir und helft mir bei den neuen Herausforderungen. Ich werde alles tun, um diese zu bewältigen. Gebt mir die Kraft dazu!«

Bauernregeln: »Makarius (christlicher Heiliger, dessen Gedenktag auf den 2. Januar fällt) das Wetter prophezeit, für die ganze Erntezeit.« – »Wie der Makarius, so der September (der Monat der neunten Rauhnacht).« – »Im September die Birnen fest am Stiel, bringt der Winter Kälte viel.« – »Im September viel Schnee, im Winter viel Schnee.« – »Wenn's im September blitzt und kracht, gibt's eine späte Blütenpracht.«

3. Januar, zehnte Rauhnacht – Melchior

Melchior, ebenfalls einer der drei Weisen aus dem Morgenland, gestaltet die zehnte Rauhnacht. Er schenkte dem kleinen Jesus in der Krippe kostbarsten Weihrauch. Dieser magischste aller Räucherstoffe stellt bis heute das bedeutendste Mittel zur Verbindung mit den göttlichen Sphären dar. Er symbolisiert geistigen Reichtum, Aufrichtigkeit, Gerechtigkeit, Güte, moralische Orientierung, Erkenntnis, Welterklärung und Glaube an übernatürliche Kräfte, die das Leben des Menschen beeinflussen.

Alles in allem geht es bei diesem königlichen Duftstoff um die Weisheit, die Melchior dem Christuskind schenkt. Des Weiteren wurden diesem besonderen Baumharz geheimnisvolle Kräfte zugeschrieben, die Unheil von der beschenkten Person fernhalten sollten. Als Sterndeuter konnten die drei Magier aus dem Orient die unsichere und gefährliche Zukunft des kleinen Jungen voraussehen und versuchten, ihn so lange wie irgend möglich mit diesen Geschenken vor diesen unheilvollen Mächten zu schützen.

Vögel werden seit Jahrtausenden als Verbündete des Diesseits und Jenseits, magische Begleiter, Omen, Helfer und spirituelle Führer verehrt. Es gibt kaum ein Märchen, das ohne diese gefiederten Gesellen auskommt. Sie sind stets vor Ort, wenn der Held der Geschichte Hilfe braucht, in Gefahr gerät oder vom Tode bedroht wäre, wenn nicht ein weiser Ratschlag oder Hilfe bei unüberwindbaren Hindernissen stets rechtzeitig auftauchten.

In dieser Rauhnacht ist es besonders wichtig, Kontakt mit Vögeln aller Art aufzunehmen, sie mit allen Sinnen zu beobachten. Häufig kommunizieren sie mit dem Beobachter, fangen an, ihn in ihr Tun miteinzubeziehen, mit ihm zu spielen und auch zu necken, wenn es der Spielkamerad zulässt. Kinder haben oft noch eine wunderbare Gabe, mit diesen lustigen Gesellen zu kommunizieren.

Jüngst beobachtete ich einen circa dreijährigen Jungen, der von einer Meise zunächst beobachtet wurde. Dann flog sie auf ihn zu, ließ sich vor ihm auf den Boden nieder und zwitscherte ihn an. Der Kleine fühlte sich sofort angesprochen und ging auf ihr Spielangebot ein. Sie einigten sich auf das Fangspiel. Die Meise flog immer einige Meter vor ihm her und setzte sich dann wieder circa zwei Meter vor ihm auf den Boden. Sobald der kleine Bursche die Hand öffnete, um nach ihr zu greifen, flog sie ihm immer wieder um Haaresbreite davon. Das ging so lange, bis der Junge keine Lust mehr hatte.

Solche Erlebnisse können auch Erwachsenen sehr viele Freude bereiten, besonders sofern sie einsam sind. Auch wenn sie sich für das Fangspiel zu alt fühlen, so können Sie doch die Impulse auffangen, die die Vögel aussenden. Diese Impulse lösen Gedanken und Bilder bei uns aus, die uns über unser zukünftiges Schicksal informieren. Erst lange Zeit nach solchen Erlebnissen werden wir feststellen, dass sich diese Gedanken mani-

festiert und realisiert haben. Das Gurren von Tauben, das Singen vieler aus dem Süden zurückkehrender fliegender Gesellen, der Ruf von Eulen, alle diese mystischen Stimmen sind Zeichen einer unsichtbaren Welt, die uns in jedem Moment begleiten und von den Geheimnissen erzählen, die noch auf uns warten.

Mit Vögeln zu kommunizieren, ist eine besondere Form der tiefen Entspannung, inneren Ruhe und natürlichen Wachsamkeit. Wir fühlen uns frei und versinken in einen veränderten Bewusstseinszustand mit einem intensiven mentalen Erleben. Der Verstand verläuft gleichzeitig in kristallklaren Bahnen, während die oft selbstzerstörende Leidenschaft ihm heftigen Widerstand leistet. In der gedanklichen Vertiefung mit den unterschiedlichsten Vögeln spüren wir unsere Seele, die uns den Weg zu einer vernunftgesteuerten Leidenschaft weist. Vögel schärfen unseren Blick für all die wunderlichen und bezaubernden Momente der genussvollen Begeisterung, der Liebe, des Hasses und der intensiven Verfolgung von persönlichen Zielen politischer, religiöser oder moralischer Art.

Alle Vögel stehen für das Attribut Weisheit und Vertrauen, daher finden wir sie in vielen Märchen immer wieder als kluge Lebensgehilfen für unser aller Leben. Innerhalb dieser Erzählungen spielen Raben eine bedeutende Rolle. Im Märchen der Brüder Grimm von den sieben Raben geht es um eine Seelenentwicklung, in der sich zunächst die übersinnlichen Gedankenkräfte und die Lebensweisheit von einem erwachsen werdenden Menschen in Form von davonfliegenden Raben entfernen, allerdings zu ihm zurückkehren, wenn sich seine Seele wieder dafür öffnet.

Räucherempfehlung: Weihrauch, Sternanis, Salz.

❄

Ritual: Sie können unter Berücksichtigung der Brandschutzbestimmungen ein Feuer aus selbst gesammelten Zweigen, Zapfen von Fichten, Kiefern und Lärchen im Garten, im Kamin oder auf dem Balkon entzünden. Es reicht schon ein Tontopf für Blumen oder ein gewöhnlicher Kochtopf. Beobachten Sie die Flammen und wärmen Sie Ihre Hände daran. Der würzige Duft des Feuers und des Holzes dringt in die Nase. Sofort wird ein Gefühl der Geborgenheit und Harmonie spürbar, das Sie mit der inneren Stimme und der Ursprünglichkeit verbindet.

❄

Bauernregeln: »Knarrt an Melchior viel Eis und Schnee, gibt's zur Ernt' viel Korn und Klee.« – »Viel Oktoberregen, ist für die Felder ein Segen (der Oktober ist der Monat der zehnten Rauhnacht).« – »Bleibt im Oktober das Laub am Ast, viel Ungeziefer du zu befürchten hast.« – »Im Oktober Sturm und Wind, uns den frühen Winter kündt.«

4. Januar, elfte Rauhnacht — Balthasar

Der dritte Weise aus dem Morgenland repräsentiert den europäischen Kontinent und bringt Gold, das Metall der Könige, das von unschätzbarem Wert und Reinheit ist. Es symbolisiert die Unterstützung der himmlischen Mächte für den neugeborenen König, die goldene Sonne für die Ewigkeit und die besondere Aura, die er über die Menschheit bringt. Als Goldkind besitzt er die Unterstützung der kosmischen Energie, die er für sein Wirken und seine Botschaft an die Menschen braucht.

Gold symbolisiert, dass das erfolgreiche Leben, Lebensgenuss und Lebensfreude von ihm abhängen, und galt schon seit dem Altertum als bestes Arznei- und trefflichstes Stärkungsmittel mit unfehlbarer Wirkung. Es sollte den Neugeborenen vor Täuschung und Verzauberung durch dunkle Mächte schützen, die ihn jederzeit bedrohen und ihm von seinem göttlichen Auftrag abzubringen versuchen würden.

Bevor die monotheistischen Religionen entstanden, glaubten die Menschen an einen Sonnengott, in vielen Kulturen der zentrale und höchste aller Götter, den sie durch Anbetung und Opferungen gütig stimmen mussten, da er über Leben und Tod entschied. Er beeinflusste das Wetter wesentlich und war für die Fruchtbarkeit der Natur verantwortlich. Er war immer gütig zu stimmen, sonst brachte er Krankheit, Tod und Vernichtung übers Land. In der neuen Religion war Christus der Sonnenkönig, der mächtigste aller Könige, der über alle Völker herrschen sollte.

Nahezu alle Kulturen verbinden Gold mit dem Göttlichen und der Sonne, es gilt auch als mystisches Geheimnis der Erde und versinnbildlicht Gelassenheit, Gleichmut, innere Ruhe, Besonnenheit und somit die Tugend, in schwierigen Situationen Fassung und Haltung zu bewahren. Mit dem Edelmetall weist Balthasar auf die Verkörperung eines idealen Königs hin, auf einen Menschen mit großen Ambitionen. Alles Eigenschaften, die einen großen, weisen geistigen König ausmachen, der sein Volk mit größter Gerechtigkeit und Weisheit führt und damit Frieden, Harmonie und Wohlstand bringt.

Das Gold des Lebens tragen wir in uns, es sind die Geheimnisse unserer Wünsche und Sehnsüchte, die unsere Herzen im Stillen kennen. Zu der Quelle unserer verborgenen Seele müssen wir vorstoßen, ihren Ruf erhören und uns von diesem leiten lassen. Zu oft versucht der Mensch, fremden Stimmen zu folgen und nicht seinen eigenen. Das eigene Denken, den eigenen Standpunkt und die einzelnen Handlungen zu beurteilen und zu hinterfragen. Soll Schwerpunkt dieser Rauhnacht sein. Die eigene Seele spüren, hören, im Geiste sehen und berühren, das führt uns auf den Weg zu ihrer Quelle. Folgen wir unserer Sehnsucht, bleiben wir den intensiven Träumen und Lebensvorstellungen tief in unserem Inneren auf der Spur. Dann hören wir auf die Stimme unseres Herzens.

Was verschafft uns Geborgenheit und Lebenswärme? Was führt uns zur tiefen Gelassenheit? Distanziere dich von materiellem Reichtum, Ruhm, Bequemlichkeit und Sozialprestige. Fass den Mut, die Unendlichkeit der Sehnsucht zu spüren, atme ein, und durchschreite ihre Pforten. Dieser Weg führt in die Geheimnisse des Lebens ein, in die Weiten der Unendlichkeit und grenzenlosen, würdevollen Lebenskraft, frei von fesselnden Ketten, die dich am Leben hindern.

Wir werden mit einem Urvertrauen geboren, das uns sicher durch alle zauberhaften Mysterien des irdischen Lebens führen möchte. Spüren wir dem Reichtum in unserem Inneren nach und entdecken wir die Güter, die unsere Sehnsucht stillen. Güter der Sehnsucht sind nicht materieller Art, es sind Liebe, Würde, Gerechtigkeit, Güte, Authentizität, Geborgenheit und geistige Freiheit, die tief in unserem Herzen liegen und die uns niemand rauben kann. Das ist der wahre Besitz eines jeden Menschen, sein Eigentum, das ihn frei und unabhängig macht, egal in welchem Gesellschaftssystem er lebt.

Sehnsüchte können auch durch Enttäuschungen beflügelt werden, schöne Momente möchten wir oft festhalten, ja besitzen und nicht mehr loslassen. Der Zauber des Geistes bewirkt, dass dieser wunderschöne Augenblick für immer als kostbarer Schatz in unserem Herzen bleibt. In der dunkelsten Zeit des Jahres, wenn die Nächte länger dauern als die Tage, wächst die Sehnsucht. In der Stille können wir sie

besser erahnen, berühren und spüren und mit dem goldenen Kerzenlicht in ihre Tiefe eindringen. Sehnsucht ist wie Hoffnung. Sie hält uns am Leben.

Dieser Seelenzustand leitet uns zu der beliebtesten keltischen Sage über: zum keltischen König Artus und den edlen zwölf Rittern seiner Tafelrunde. Er gilt als Symbol aller Hoffnungen für die Wiedergeburt eines erhabenen und tugendhaften Reiches, so wie es vor langer Zeit einmal bestanden hat. Artus, der wohlwollendste geheimnisvollste und edelste aller Herrscher, der sein Volk versteht und es wieder in das goldene Zeitalter führt. Er wird in Verbindung gebracht mit dem Heiligen Gral, einer mit kostbaren Edelsteinen verzierten Goldschale, die als magisches Füllhorn Lebensglück, ewige Jugend und Speisen in unendlicher Fülle hervorbringen soll.

Räucherempfehlung: Blattgold, Beifuß, Fichtenharz, Salz.

Ritual: Sie können durch einen Wald oder eine Landschaft ziehen und an einem magisch empfundenen Platz auf einem Schaffell Platz nehmen, ein Windlicht, das das wiederkehrende, wieder stärker werdende Licht symbolisiert, aufstellen und einen Fichtenzweig darüberhalten, sodass er leicht zu qualmen anfängt. Dieser Duft verbindet uns mit den heilenden Kräften der Natur und lässt den Zauber des Augenblicks genießen. Gleichzeitig wird die innere Stimme immer lauter und teilt ihre Sehnsüchte und Wünsche mit.

Bauernregeln: »Die Erde muss ihr Betttuch haben, soll der Winterschlaf sie laben.« – »Sitzt November (der Monat der elften Rauhnacht) fest im Laub, wird der Winter hart, das glaub.« – »Novemberwasser auf den Wiesen, dann wird das Gras im Lenze sprießen.« – »November warm und klar, wenig Sorgen im nächsten Jahr.«

5. Januar, zwölfte Rauhnacht — Perchtennacht

Die letzte Rauhnacht gilt als eine der schauerlichsten der zwölf. In vielen Orten der Alpenregion streifen jetzt gespenstische Gestalten in Fellkostümen mit kunstvoll gefertigten, aber furchterregenden Teufelsmasken durch die Straßen und verbreiten eine unheimliche Spannung. Um die Hüfte tragen sie einen Ledergürtel mit Viehglocken daran, und in ihren dunkel behaarten Händen schlagen sie Peitschen aus Tierschwänzen. Es handelt sich um Perchten, die sich zu opulenten Umzügen in der Nacht vom 5. auf den 6. Januar treffen. Sie gehen auf die Sagengestalt der Frau Percht beziehungsweise Holle zurück, die faule Zeitgenossen bestraft und fleißige belohnt. Sie erschrecken und ärgern die Leute und wünschen ihnen ein friedliches, gesundes Jahr. Als dunkle, wilde Gestalten ziehen sie von Haus zu Haus mit Trommeln, Gesang und Tanz. Wie eine kaum zu haltende Meute bei der Treibjagd stürzen sie sich zu den am Wegesrand verweilenden Schaulustigen und treiben Schabernack mit ihnen.

Dieses Treiben reicht bis in die Keltenzeit zurück, als die Menschen sich mit furchteinflößenden und gruseligen Masken schmückten, deren Aussehen an das von Teufeln, Hexen und Dämonen erinnert und es möglicherweise noch an Bedrohlichkeit übertreffen sollte, damit sie diese menschenfeindlichen Erscheinungen mit viel Lärm und Geschrei davonjagen konnten. Auf solche Weise, so glaubte man, schützen Perchten die Leute vor den übelmeinenden Geschöpfen aus der Unterwelt sowie vor bedrohlichen Naturgewalten und helfen ihnen, diese dauerhaft zu vertreiben. Das Schlagen der Peitschen entspricht einem keltisch-germanischen Fruchtbarkeitsritual. Mit Baumzweigen aus Birke, Haselnuss oder Weide sollten die Fruchtbarkeit und das Begehren geweckt werden, damit neues Leben entsteht und der Volksstamm erhalten bleibt.

Bis heute spüren viele sensitive Menschen in diesen Momenten den Fall der Grenzen zu anderen Welten und erhalten Botschaften für ihre Zukunft. Als Sinnbild zum Empfang solcher kostbaren Nachrichten stand für die nordischen Völker die Kuh, damals noch wild und frei in heimischen Wäldern geboren, die für kosmische und irdische Fülle sinnbildlich steht sowie für empfangende Weiblichkeit, Entstehung und Erhaltung des Lebens.

Nach germanischen Sagen wurde der Mensch von der Urkuh aus Salzgestein hervorgeleckt. Die Hörner der Kuh symbolisieren Fruchtbarkeit und nicht mehr endenden Reichtum sowie Gleichmut, Würde, Ruhe und Geborgenheit. Die letzten beiden Eigenschaften sind noch heute gut erkennbar, wenn wir eine Kuhweide beobachten, nichts scheint die Tiere aus ihrer stoischen Ruhe zu bringen, und wenn wir uns ganz intensiv auf eins konzentrieren, können wir sogar seine kostbare Botschaft empfangen. Martin Montanus' (1537–1566) Märchen vom Erdkühlein gibt wertvolle Einblicke in die Symbolik dieses wertvollen und magischen Geschöpfs als Seelenführerin und Glücksbotin.

Erlesene Momente der Ruhe, der Langsamkeit und Muße kommen im Alltag der modernen Gesellschaft viel zu kurz. Wir laufen unserem Glück davon, weil wir immer in Eile sind und nicht mehr verweilen können. Dabei entwachsen der Langsamkeit die kreativsten Ideen, eine lange Gesundheit und der Lebensgenuss. Fragen wie »Muss ich das tun?« oder »Will ich das tun?« sollten wir uns wieder häufiger stellen. Wir reisen und arbeiten mehr als früher, haben mehr Möglichkeiten und höhere Ansprüche als damals. Wahre Konsummaschinen sind aus uns geworden, immer auf der Jagd nach »schneller, höher, weiter« im System der Gehetzten, in stetiger Zeitnot und im immerwährenden Wettbewerb mit dem Umfeld.

Zwischen den Jahren gehen die Uhren aber anders. Ein gutes Gefühl macht sich breit, denn was nicht erledigt ist, bleibt einfach liegen, wen stört es? Ein relaxter Feierabend bei einer Tasse Tee mit einem Buch in der Hand und einer brennenden Kerze auf dem Tisch oder ein entspanntes Wochenende ohne Termine, bei dem man sich nur vom Nichtstun treiben lässt, allenfalls noch Weihrauch und Kräuter als Zaubermittel für Glücksgefühle räuchert.

In der Antike galt die Muße als erstrebenswerter Zustand und Schwester der Freiheit. Der griechische Philosoph Diogenes (circa 413–323 v. Chr.), ein Meister des Müßiggangs, der der Überlieferung nach in einem Fass wohnte, soll Alexander dem Großen auf dessen Frage nach seinen Wünschen nur geantwortet haben: »Geh mir ein wenig aus der Sonne.«

Bis vor wenigen hundert Jahren waren die Langsamkeit und der Müßiggang überhaupt kein Makel wie heute, sondern ein Privileg, ein Lebensideal, ein Weg zur tieferen Erkenntnis, bei dem die Arbeit nur im Wege stand. Ein Umstand, den wir lange vergessen haben.

Die letzte Rauhnacht kann mit dem tiefsinnigen Märchen »Die Sterntaler« begangen werden. Ein Mädchen befreit sich darin von allen irdischen Belastungen und wird dafür mit dem geistigen und unendlichen Wissen des Universums belohnt, das sich in Form eines Sternenregens auf sie ergießt. So kann sich die übersinnliche Welt offenbaren, und den verstorbenen Ahnen gelingt es, als Seelenführer und Beschützer den Lebensweg der Menschen zu begleiten.

Räucherempfehlung: Fichtenharz, Weihrauch, Tannen- und Fichtennadel, Wacholderbeeren, Salz.

Ritual: Im Garten, einem Wald oder Park können Sie einen Baum umarmen und seinen Duft aufsaugen, dabei die Augen schließen und die Quelle der Inspiration wahrnehmen. Solche Augenblicke bringen die Seele zum Schwingen und verbinden uns mit der natürlichen Spiritualität.

Bauernregeln: »Im Januar dickes Eis, im Mai ein üppig' Reis.« – »Dezember (der Monat der zwölften Rauhnacht) kalt mit Schnee, tut dem Ungeziefer weh.« – »Fließt im Dezember noch der Birkensaft, dann kriegt der Winter keine Kraft.« – »Dezemberregen wenig Schnee, tut Äckern und den Bäumen weh.«

6. Januar – Dreikönigsnacht

Am Dreikönigstag, dem 6. Januar, sind die geheimnisvollen, zukunftsweisenden Rauhnächte und die Weihnachtszeit zu Ende. Der geschmückte Baum wird entsorgt, und die Menschen freuen sich nun auf den bevorstehenden Frühling und die helleren Tage.

Kaum einer weiß noch, dass diese Nacht auch der Zeitpunkt des Erscheinens Christi war. Der offizielle Name des katholischen Festtages lautet »Erscheinung des Herrn«. Evangelische Christen nennen ihn »Epiphanias«, was im Altgriechischen »Erscheinung« heißt. Während der 25. Dezember die Menschwerdung oder Inkarnation Christi feiert, wird am 6. Januar die Göttlichkeit Jesu vorgestellt. In der Antike bezeichnete die Epiphanie das unvermittelte, aber wohltätige Erscheinen einer Gottheit oder auch die Ankunft des hellenistischen oder römischen Herrschers in einer Stadt.

In dieser Nacht werden Salz, Weihrauch und Kreide geweiht. Salz, weil es schal gewordenes Wasser wieder lebendig macht, Weihrauch als Zeichen des Gebets, das zu Gott aufsteigt, und schließlich die Kreide für den Haussegen. Schon seit dem 16. Jahrhundert ziehen Schulkinder, verkleidet als Heilige Drei Könige, von Haus zu Haus und erzählen den Menschen eifrig von der Geburt und dem Wirken Jesu Christi. Diese Sternsinger, wie man sie nennt, segnen das Haus und erhalten eine kleine Spende für bedürftige Kinder in der ganzen Welt. Früher, als die Menschen in den Wintermonaten kaum etwas zu essen hatten, wurden keine Spenden gesammelt, sondern es wurden nur die Häuser gesegnet, und die kleinen Magier aus dem Morgenland bekamen dafür sehr begehrte Geschenke wie Nüsse oder Äpfel gereicht. Zum Dank für die Spenden wird das Haus gesegnet, und die Buchstaben C, M und B sowie die Jahreszahl werden an die Tür geschrieben. C, M und B stehen für »Christus mansionem benedicat«, was übersetzt »Christus segne dieses Haus« bedeutet. Der Segen soll Unglück von den Häusern und ihren Bewohnern fernhalten. Er geht auf alte heidnische Schutzzauberrituale zurück, die zu Jahresbeginn für den neuen Jahreskreislauf durchgeführt wurden.

Die Heiligen Drei Könige entwickelten sich im Mittelalter zu Schutzpatronen der Reisenden, Kürschner und Gastwirte, was viele Gastwirte dazu animierte, für ihre Häuser Namen wie »Zum Mohren«, »Zu den Drei Königen« oder »Zum Stern« anzunehmen.

Schon in vorchristlichen Zeiten soll in der Nacht vom 5. auf den 6. Dezember (nach heutiger Zeitrechnung) in Alexandrien der Geburt des Sonnengottes Äon, des Gottes der Zeit und der Ewigkeit, gedacht worden sein. Eine Verwandlung von Wasser zu Wein ist aus der griechischen Mythologie bekannt und vom Christentum übernommen worden. Nach einer Legende ist Dionysos, der Gott des Weins, der Ausgelassenheit, der Ausschweifung, der Natur, des Frühlings, der Fruchtbarkeit und der Erlösung, an einem 6. Januar erschienen und hat eine solche Verwandlung durchgeführt. Unsere heidnischen Vorfahren feierten im Januar das Erwachen der Erde aus dem Winterschlaf und den Beginn der Fruchtbarkeit. Als Symbol dafür stand die Bohne, weshalb der 6. Januar auch Bohnenfest genannt wurde und in vielen Familien heute noch traditionell zu diesem Datum köstliche Bohnensuppe serviert wird.

Räucherempfehlung: Weihrauch, Myrrhe, Blattgold, Kräuterbuschen.

Ritual: Am 6. Januar werden gewöhnlich der Weihnachtsbaum und der Adventskranz entsorgt. Hierbei können einige Zweige davon in einem Tongefäß im Freien verbrannt werden, um die Asche in einem Schraubglas aufzubewahren. Sie dient bis zu den nächsten Rauhnächten als tiefgründiges Symbol für Stärke, Trost und Geborgenheit an Tagen, die von Niedergeschlagenheit und Traurigkeit geprägt sind. Gleichzeitig speichert sie Energien für nachhaltige Veränderungen im Leben.

Bauernregel: »Kam bis Dreikönig der Winter nicht, kommt er auch bis Ostern nicht.«

Weitere magische Rauhnächte

Wie die zwölf heiligen Nächte zwischen den Jahren, so gibt es auch noch ein paar Rauhnächte im Jahresverlauf, die ebenso magisch und voller Zauber sind. Sie alle besitzen eine Beziehung zur Wilden Jagd und sind genauso erfüllt von Transzendenz, Schauer und voller Energie. Auch diese Nächte sind Schicksalszeiten, in denen das Los durchs Orakeln bestimmt wird. Sie dienen der inneren Einkehr und geistigen Läuterung.

Die Pflege der folgenden Rituale verbindet uns mit der Urseele, die seit der Kindheit verborgen in unserem Inneren schlummert. Wer sie zu wecken vermag, der spürt die Wurzeln seiner Heimat, die ihm Ordnung, Sicherheit, Ruhe und das Gefühl von Gemeinschaft und Zusammenhalt vermitteln.

31. Oktober –
Halloween

Wenn der warme Sommer schon vergessen ist, die gelbroten Herbst-
farben allmählich verblassen und dicke Nebelschwaden aufziehen,
dann tritt das Thema Sterben und Vergehen in der Natur in den Vor-
dergrund. In den Neumondnächten der kalten, feuchten November-
tage endet die helle Jahreshälfte, und Samhain, der schwarze Gott der
Kelten, tritt seine Herrschaft an. Die christlichen Feiertage Allerheiligen (1. November) und Allerseelen (2. November) sind Festlichkei-
ten, die auf eine jahrtausendealte Verehrung unserer Ahnen zurück-
gehen. Es sind Feierlichkeiten der Durchgänge, der Läuterung und
des Orakelns. An diesem Tag, so vermuteten die keltischen Volksgruppen, sei die Grenze zwischen den Welten weit offen, sodass die
Verstorbenen auf der Erde wandeln können, um ihre Verwandten zu

besuchen. Als Wegweiser wurden Kerzen in ausgehöhlten Rüben vor die Häuser gestellt. Den Ahnen wurde am Abend die Stube geheizt, und Gefäße mit Essen und Trinken wurden auf dem Tisch ausgebreitet. Wenn alles festlich angerichtet war, zogen sich die Lebenden in ihre Kammern zurück und überließen den Toten die Stube. In dieser Zeit wurde mit Wachholder, Beifuß, Bartflechte und Fichtenharz geräuchert, um mit der Totenwelt Kontakt aufzunehmen, für Unterstützung im täglichen Leben zu bitten und um alte Angelegenheiten mit den Verstorbenen zu klären und zu bereinigen.

Der Abend vor Allerheiligen, das heutige Halloween, hat seinen Ursprung nicht in den USA, wie viele glauben, sondern geht auf keltisch-irische Einwanderer zurück, die das Fest in ihrer neuen Heimat weiterpflegten. Wenn als Gespenster verkleidete Kinder nachts durch die Straßen ziehen, Süßigkeiten erbetteln oder Unfug treiben, erinnern sie, ohne sich dessen bewusst zu sein, an die Geister der Toten, vor denen die Leute früher Angst hatten und denen sie, so glaubte man, Opfer bringen müssten, um sie zu besänftigen.

Räucherempfehlung: Bartflechte, Rainfarn, Weihrauch, Wacholderbeeren, Salz.

Bauernregel: »Allerheiligen klar und helle, sitzt der Winter auf der Schwelle.«

3. November – Hubertusnacht

Die Verehrung des heiligen Hubertus (circa 655–727) am 3. November geht auf den gleichnamigen Jäger und Bischof von Lüttich zurück. Der Legende nach soll Hubertus, Schutzpatron der Jäger, Förster, Waldarbeiter und Schützengilden, während der Jagd einen Hirsch mit einem hell leuchtenden Kreuz zwischen den Geweihstangen erblickt haben. Gleichzeitig vernahm er eine Stimme, die ihn aufforderte, sich Gott zuzuwenden.

Die Legende des Jägers Hubertus steht in Verbindung mit der keltischen Gottheit Samhain, dem Herrscher über die Dunkelheit und die winterliche Jahreszeit. Er jagte in den nebligen Novembertagen den Sonnengott in Gestalt des Hirschs in die dunklen Tiefen der Erde, um in der Totenzeit über Midgard, die Welt der Menschen, zu herrschen.

In Gedenken an den heiligen Hubertus finden bis heute in vielen Kirchengemeinden Hubertusmessen statt. Während des festlichen Gottesdienstes werden an diesem Rauhnachtstag Brot, Salz und Wasser geweiht und Teile davon anschließend unters Viehfutter gemischt. Diese drei Lebensmittel galten in Zeiten, als der Mensch noch von den Naturgewalten abhängig war, als wertvollste Lebensmittel, ohne die er zum Sterben verdammt war. Die Segnung bedeutet Fruchtbarkeit, Wohlstand und Beständigkeit für die Gemeinschaft sowie Schutz vor Krankheit, Unglück, Verwünschungen und bösem Zauber.

An vielen Orten finden immer noch Hubertusjagden statt, die als große Volksfeste gefeiert werden. Sie beginnen in der Morgendämmerung unter dem Schall der Jagdhörner und enden am Abend mit einem festlichen Jagdball. Zu Ehren des heiligen Hubertus lebt in manchen Gegenden auch die Tradition fort, am 3. November köstliche Hubertusbrötchen aus süßem Teig mit Rosinen zu backen und sie in geselliger Runde zu verspeisen. Ein Brauch, der auf vorchristliche Götterfurcht zurückgeht, als Getreidebrei und Brotfladen vor die Türen gelegt wurden, die die Wilde Jagd besänftigen und die Bewohner vor Unglück verschonen sollten.

Das magische Tier dieses Tages ist der Hirsch, dessen Fähigkeiten uns Menschen in alchemistischer Art und Weise mit der Natur verbindet. Die Kontaktaufnahme mit seinem Geist nimmt uns mit in unsichtbare Welten und zeigt Wege für die Heilung von Kranken und Leidenden auf. Als Kenner aller Kräuter und Pilze kennt er stets die richtige Medizin zur Gesundung. Sein Geist begleitet uns als ratgebender Wegbegleiter und unternimmt mit uns Reisen in neue Bewusstseinszustände. Zur Sonnenwende im Winter soll er den feurigen Planeten mit seinem Geweih aus der Unterwelt holen.

Räucherempfehlung: Fichtenrinde, Fichtenharz, Fichtennadeln, Salz.

Bauernregel: »Bringt Hubertus Schnee und Eis, bleibt's den ganzen November weiß.«

29. November — Andreasnacht

Die Andreasnacht vom 29. auf den 30. November kennzeichnet den Beginn der Advents- und Vorweihnachtszeit. Die Weihnachtsbäcker fangen zu diesem Datum mit dem Backen der köstlichen Lebkuchen, Gebildeplätzchen und Kletzenbrote an. Der Apostel Andreas (5 v. Chr. bis 60 n. Chr.) ist der Schutzheilige der Fischer, Metzger, Bergwerke und der Eheleute. Als Missionar des christlichen Glaubens in Kleinasien soll er am 30. November im Jahre 60 unserer Zeitrechnung den Märtyrertod erlitten haben und an einem Kreuz bestehend aus zwei diagonal gestellten Balken hingerichtet worden sein. An den Heiligen erinnert auch das Andreaskreuz, das aus zwei schräggestellten Balken besteht, die an Bahnübergängen oder an Hausgiebeln mit jeweils einem Pferdekopf zu sehen sind, um Übel abzuwenden und himmlischen Schutz vor Gefahren zu erbeten.

Nach dem Kirchenläuten an diesem Tag traute sich früher kein gläubiger Mensch mehr nach draußen, musste er doch damit rechnen, dass ihn das Wilde Heer auf seiner Jagd durch den Abendhimmel packt und mit in das Totenreich schleppt.

Diese Rauhnacht gilt als besonders gute Losnacht für Liebesorakel. Diese Tatsache beruht auf dem Glauben, dass heiratswillige Mädchen jetzt ihren zukünftigen Ehemann im Traum erblicken. Außerdem soll das Verspeisen von Anissamen in der Andreasnacht sehr zauberkräftig sein. Es gilt als Liebesmittel, weshalb der Andreastag in böhmischen Regionen auch »Anischtag« genannt wird. Besonders gern werden dort an diesem Tag Anisbrot, Anisplätzchen und der bekannte Anisbranntwein verzehrt.

Das Sammeln von Birken, Weiden und Obstbaumzweigen soll in der toten Vegetationszeit den Frühling und die Fruchtbarkeit ins Haus bringen. Damit diese Lebensruten besonders viel Glück erzeugen, müssen die Zweige schweigend und »ungesehen« am Andreasabend um sechs, neun oder zwölf Uhr geschnitten werden. Wenn man diese Äste in eine mit Wasser gefüllte Vase an einen hellen und warmen Ort stellt, dann erscheinen nach etwa drei Wochen grüne Blätter. Drei Zweige werden mit einem Farbband geschmückt, auf dem jeweils ein Wunsch vermerkt ist. Blühen die Zweige an Weihnachten, dann sollen die Wünsche in Erfüllung gehen.

Der 30. November besiegelte bis zum 9. Jahrhundert das Ende des Kirchenjahres und hatte daher die gleiche Bedeutung wie Silvester

heute. Daher markiert dieses Datum eine Reihe von Jahresend- sowie -anfangsbräuchen und Aberglauben. So ist es immer noch üblich, an diesem Tag das traditionelle Bleigießen durchzuführen und über die Zukunft zu orakeln. Als Losnacht gewährt sie Einblicke in das Schicksal und regt zum Bilden guter Vorsätze an. In Süddeutschland und Österreich beginnen nun die Klöpfelgeher, mit Glockenlärm, Hammer und Besen die übelmeinenden Kräfte und Dämonen zu vertreiben sowie Mut, Zuversicht, Glanz und Freude in das Leben zu bringen.

Räucherempfehlung: Rainfarn, Bartflechte, Sternanissamen, Apfelschalen, getrocknete Rosenblätter, Styrax.

Bauernregeln: »Gibt's an Andreas Schnee, tut das Korn und Weizen weh.« – »Wenn es an Andreas schneit, der Schnee hundert Tage liegen bleibt.«

5. Dezember – Nikolausnacht

Die Nacht vom 5. zum 6. Dezember empfinden Kinder als besonders zauberkräftig und magisch. Wissen sie doch ganz genau, dass die Mildtätigkeit dieses Bischofs aus Myra ihnen jährlich die Stiefel mit Gaben füllt, wenn sie das ganze Jahr über artig gewesen sind. Dazu stellen sie jeweils einen Schuh entweder vor die Haustür oder vor den Kamin, durch den die Geister ja sehr gerne in die Häuser eindringen. Am Morgen des Nikolaustages finden sie dann Naschereien aus dem Morgenland darin. Traditionell zählen dazu Marzipan, Spekulatius und Lebkuchen kombiniert mit Äpfeln, Orangen und Nüssen.

Ursprünglich waren dies in der Überzahl Nahrungsmittel, die zur winterlichen Noternährung gehörten, wenn die Natur keine Früchte und Kräuter hervorbrachte. Es war eine Zeit, die einer Fastenzeit gleichkam, da die Menschen in der oft schnee- und eisbedeckten Landschaft kaum Nahrung fanden. Zucker kannte man damals nicht, und Honig wurde für diese Speisen nur sehr selten verwendet, da sie lediglich zur Sättigung dienten und nicht wie heute als willkommener, süßer Snack für zwischendurch.

Knecht Ruprecht, der düstere und in brauner Kutte gekleidete Geselle des heiligen Nikolaus, trägt eine Rute bei sich, um den »bösen« Kindern zu drohen. Diese Erziehungsmaßnahme geht auf eine Vermischung von heidnischen und christlichen Ritualen zurück. Letztere sollte früher die ungezogenen Buben und Mädchen züchtigen, während die freigeistige Haselgerte nach vorchristlicher Tradition als Lebensrute Fruchtbarkeit spenden sollte. Frauen wurden gern mit Haselgerten berührt, damit die Fruchtbarkeit auf sie überginge und sie viele Kinder gebären konnten. Naturbeobachtungen zeigen, dass Haselsträucher von Blitzschlägen verschont bleiben, woraus unsere Ahnen Zauberkräfte ablasen, die gegen Unglück wirken. So auch gegen Hexen, Dämonen und das wilde Heer, das in den winterlichen Rauhnachtszeiten durch die Lüfte fegte und nach Menschen Ausschau hielt, die es mit ins Reich der Toten nehmen konnte. Der Nikolaus stellt eine Nachbildung Wotans dar, der mit einem Rentier aus dem hohen Norden erscheint und die Menschen auf ihre Tugendhaftigkeit überprüft.

Räucherempfehlung: Anis, Fenchel, Kardamom, Gewürznelken, Apfelsinenschalen, Weihrauch, Salz.

Bauernregeln: »Regnet's an Sankt Nikolaus, wird der Winter streng und graus.« – »Trockener Nikolaus, milder Winter rund ums Haus.«

20. Dezember – Wintersonnenwende

Die Nacht zum 21. Dezember gilt als eine der schaurigsten Rauhnächte in der Winterzeit. Auf den kürzesten Tag folgt die längste Nacht im Jahr. In dieser Zaubernacht, in der die Tür zur Zukunft ein Stück offen steht, rast Wotan mit einem brennenden Wagen über den Himmel und schwingt die Peitsche über zwei schwarzen Hengsten. Wem ein Funke ins Auge fliegt, der erblindet für ewig. In tosenden Wintergewittern können wir seinen goldenen Speer erblicken, der als greller Blitz sichtbar über der Landschaft aufleuchtet.

Nach christlichen Legenden zweifelte der Jünger Thomas an der Auferstehung von Jesus und ging so als ungläubiger Thomas in die Geschichte ein. Als er endlich überzeugt war, verbreitete er die Frohe Botschaft eifriger als alle anderen und stieg so zum Heiligen auf, der dieser Nacht den Namen Thomasnacht verlieh.

Als Orakelzeitpunkt riskieren viele Menschen natürlich einen Blick in die Zukunft. Es heißt, junge Mädchen begegneten nun ihrem zukünftigen Mann im Traum.

Die Sonnenwende im Winter können wir mit bloßem Auge sehen, die Sonne steht dann für einen Moment senkrecht über dem südlichen Wendekreis. Solche Himmelsereignisse faszinierten schon immer die Völker und motivierten sie zu ausschweifenden Feierlichkeiten mit Bier, Met und Köstlichkeiten von der letzten Schlachtung. Es war ein Zeitpunkt, zu dem spirituelle, kultische und gesellschaftliche Rituale und Opferzeremonien ausgeübt wurden. Schon in der Bronzezeit entzündeten die nordischen Gesellschaften in dieser Zeit riesige Feuer, um die Dunkelheit und Kälte zu besiegen. Sie streuten die Asche dieses Julfeuers auf die Felder und beschworen die Erdgöttin Holle, das Land mit Fruchtbarkeit zu segnen. Ein Bitten, das diese mit kräftigen Schneefällen belohnte, was die Landschaft in eine magische Wunderwelt verwandelte. Der Ursprung unseres Weihnachtsfestes mit seinem Lichtzauber und Festmahlen liegt im Wintersonnenwendritual, dem Julfest der heidnischen Völker.

Räucherempfehlung: Blattgold, Rainfarn, Lavendel, Styrax, Salz.

Bauernregel: »Friert's am kürzesten Tage, so ist's immer eine Plage.«

Variierend – Fastnacht

In den Fastnachtsritualen drückt sich der jahrhundertealte Kampf der bäuerlichen Gesellschaften mit den gewaltigen und lebensbedrohenden Naturkräften im Jahreskreislauf aus und deren Folgen für das mühsame Leben im Alltag. Unfälle und Naturkatastrophen stellten große Gefahren dar und bedrohten Hof, Mensch und Tier. Medizinische Hilfe gab es kaum, und Versicherungen, die für die entstandenen Schäden aufkamen, waren den Menschen fremd. In Masken und Kostümen spiegelt sich daher die Auseinandersetzung mit dem Tod wider.

Die Fastnachtszeit gilt als Zeit der Geister und Hexen, gegen die man sich mit Mistgabeln, alten Besen, Tierhörnern, Zähnen von wilden, bedrohlichen Tieren und auch Knoblauch schützen mochte. Der Ursprung dieses Brauchs geht bis in die vorchristliche Zeit zurück, der Winter soll vertrieben werden und das Frühjahr eingeläutet werden. Die Masken zeigen dämonische Fratzen und stellen Geistwesen aus der Anderswelt dar, in der Regel bucklige Hexen sowie schwarze und rote Teufel, Mischwesen zwischen Tier und Mensch mit Fellkostümen und schaurigen Holzmasken und Tiergestalten aus der Wilden Jagd wie Pferde und Bären. Das wilde Lärmen sollte Heil und Segen der guten Geister gewinnen und die feindlichen Mächte der Fruchtbarkeit verscheuchen, das Getreidekorn aufwecken und die Felder ertragreich werden lassen. Mit lodernden Flammen und Feuerrädern, die Berge und Hügel herabrollen, begleitet durch viel Getöse von Glocken, Sensen und Geschrei, wurde das Böse vertrieben, das für Missernten und damit großen Hunger und Tod verantwortlich war. Daher werden bis heute Hexen, Geister und andere Verkörperungen der winterlichen Kräfte symbolisch in den Flammen verbrannt.

Sehr große Bedeutung wurde auch dem Berühren mit der Lebensrute beigemessen, einem Zauberstab, der aus Hasel- oder Holunderzweigen gefertigt war und die Fruchtbarkeitsgöttin Holle beschwören sollte.

Räucherempfehlung: Lavendel, Styrax, Fichtenharz.

Bauernregel: »Grüne Fastnacht, weiße Ostern.«

1. Mai —
Walpurgisnacht

Nach dem *Handwörterbuch des deutschen Aberglaubens* ist der Mai die Zeit des Lenzes, der Liebe und der Hoffnung auf neue Fruchtbarkeit der Felder. Eingeleitet wird er durch den Tanz in den Mai (in der Nacht vom 30. April auf den 1. Mai) beziehungsweise durch das Treiben der Hexen auf dem Brocken im Harz und anderen verwunschenen und kraftvollen Plätzen an Gewässern, in Wäldern und auf Bergen. Die Germanen und Kelten feierten schon zur gleichen Zeit das Beltane-Fest, das der Anderswelt, den Geistern und Hexen gehörte. Der Ausdruck »Walpurgisnacht« geht zurück auf die Nonne Walburga (circa 710–780), die als Äbtissin im Kloster Heidenheim in Mittelfranken wirkte und zur Schutzheiligen gegen Pest, Tollwut und Hungersnöte wurde.

Ein wichtiges Symbol für den Lebens- und Weltenbaum ist der Maibaum, ein Verbindungsglied zwischen Himmel und Erde. Der Baum wird von mehreren mit Bändern geschmückten Burschen, oft auch von Frauen und Mädchen, am Vorabend des Festes oder auch am Vormittag feierlich aus dem Wald, einem Moor oder vom Wasser geholt. Es handelt sich dabei in der Regel um eine Tanne, Fichte oder eine Birke. Das Fällen geschieht mit dem Aufsagen alter Zaubersprüche und unter besonderen Bräuchen. Die Spitze des Maibaums ziert oft ein Hahn als Symbol der Fruchtbarkeit, darunter hängt ein grüner Kranz als Sinnbild der neu erwachten Frühlingskraft. Darunter finden wir nacheinander drei Kränze waagerecht aufgehängt.

Wenn heute junge Leute in der Freinacht durch die Straßen ziehen und allerlei Schabernack treiben, weiß kaum noch einer von ihnen, dass dieser Brauch auf einen Abwehrzauber zurückgeht. Der Winter soll nämlich durch vielerlei Lärmen und Verstellen von Gegenständen nun endgültig vertrieben werden und mit ihm schädigende Wintergeister und Dämonen. Anschließend trifft man sich an einer Kultstätte, wo unter Peitschenknallen das Maifeuer entzündet wird, das auch Hexenbrennen oder Wichtfeuer genannt wird. Man achtet darauf, dass viel Rauch über die Felder zieht, um böse Geister von Saat und Vieh fernzuhalten.

In der Walpurgisnacht räuchert man Pflanzen, die den Zauber des Frühlings herbeilocken, um die neu erwachenden Lebenskräfte in der Natur zu begrüßen. Dazu werden Kostbarkeiten wie Beifuß, Fichtenharz, Rainfarn und Wacholder nicht nur auf glühender Asche verräuchert, sondern ebenso dem Maifeuer beigefügt.

Räucherempfehlung: ein paar Haare, Fichtenharz, Beifuß, Rainfarn, Mistel, Wacholderbeeren, Salz.

❄

Bauernregel: »Siehst du am 1. Mai die Kräh' im Korn nicht mehr, dann kommt der Sommer bald mit reicher Ernt' einher.«

Räuchern –
Die Verbindung zu
himmlischen Sphären

Der Brauch des Räucherns reicht viele Jahrtausende zurück. Schon in der Steinzeit wurde bei verschiedensten Naturerscheinungen geräuchert. Je mehr man sich der Alpenregion nähert, umso mehr gehört das Räuchern zum üblichen Brauchtum. Besonders in den geheimnisvollsten und gleichzeitig unheimlichsten Rauhnächten, nämlich Wintersonnwende, Weihnachten, Silvester und Dreikönig, wurden ausgiebig Haus und Hof geräuchert, selbst in den Tierställen verbrannte man früher eifrig Weihrauch, und die Tiere reagierten völlig ruhig und schienen das Ritual sehr zu genießen.

Als Rauchfass diente ein altes Bügeleisen, damals wirklich noch aus Eisen, oder eine Pfanne aus demselben feuerfesten Material. Mit der abgebrannten Glut aus dem Ofen oder dem Kamin ging mein Urgroßvater durch jede Stube, streute immer wieder Weihrauch und unterschiedlichste Kräuter darauf, sprach seinen Rauchsegen – »Glück ins Haus, Unglück hinaus« – und vergrub danach die Glutreste im Garten unter seiner Lieblingstanne.

Die zwölf Tage zwischen den Jahren gelten seit alters als Zeit der Reinigung, des Wandels und Neubeginns. In allen Räumen werden Räucherschalen aufgestellt, selbst draußen auf Fensterbänken, unter Bäumen im Garten, einfach überall, wo es einem beliebt. In der Regel gibt es heute keine Öfen oder Kamine mehr, aus denen man die Glut nehmen kann. In solchen Fällen leisten die Kohletabletten zum Räuchern große Dienste. Ein Salpeterstreifen darin sorgt dafür, dass binnen kurzer Zeit die Räuchertablette weiße Glut ansetzt und die Räucherzeremonie beginnen kann. Dazu nimmt man ein feuerfestes Keramik- oder Metallgefäß, füllt Sand hinein, legt die Kohle darauf und streut die Räucherstoffe darüber. Sofort entwickelt sich ein köstlich würziger Duft nach Wald oder Wiese, und das Ausräuchern kann beginnen.

Dazu starten wir in den Kellerräumen und arbeiten uns bis zum Dachboden vor. In jedem Raum sprechen wir segnende Worte wie beispielsweise den bereits erwähnten Satz »Christus mansionem benedicat« (»Christus segne dieses Haus«). Alle Worte, die einem spontan einfallen, sind erlaubt. Anfangs verwendet man Sätze, die in Büchern oder von Bekannten empfohlen werden, doch schon bald gewinnt man Routine beim Ausräuchern und entwickelt eigene Worte für dieses Ritual. Ebenso können Zitate aus der Bibel oder anderen Büchern vorgelesen, der Rosenkranz gebetet, das Vaterunser gesprochen oder Lieder gesungen werden, einfach alles, was einem in den Sinn kommt. Oder man bleibt ganz stumm und saugt den mystischen Rauch in die Tiefen des Geistes ein.

Räucherpflanzen gegen Dämonen in dunkler Zeit (Auswahl)

Bartflechte

Wer hätte gedacht, dass Bartflechten Pilze sind? Diese bärtigen Gebilde wachsen auf Bäumen und Gesteinsuntergründen sowie an Felsen und in Wüsten. Sie besiedeln Orte, die anderen Organismen keine Lebensgrundlage verschaffen. Dies zeugt für ihre hohe Widerstandskraft und Stärke, die wir in den Zeiten des Jahreswechsels so dringend brauchen. Sie wächst hauptsächlich an Bäumen in ganz Europa, in den Nebellagen der Gebirge und dringt bis in die Arktis und Antarktis vor.

Da sie sehr sensibel auf Umweltverschmutzung reagiert, ist sie ein wunderbarer Indikator für reine und saubere Luft. Diese ausgezeichnete Vermittlerin zwischen den Welten ist eine magische Zauberpflanze mit urwüchsigen Kräften. Ihr nach Gebirgswäldern riechender, anhaftender Duft spiegelt die Wildheit und Weisheit der Berge wider. Dabei spüren wir ihren unverwechselbar hartnäckigen Charakter, der sich durch den sinnlichen Wohlgeruch ihres Wesens zu erkennen gibt.

In den Rauhnächten nehmen wir mit dem magischen Rauch der Bartflechte Verbindung zu ihrer Seele und ihren Gefühlen auf und können ihre Persönlichkeit spüren. Dabei verstehen wir ihre Sprache und geheimen Botschaften, die uns zu heilen vermögen und unsere Wahrnehmung wieder schärfen, um über die Tore der Sinne in das unerschöpfliche Mysterium unserer Möglichkeiten einzudringen.

Räucherempfehlung: Bartflechte, Fichtenharz, Lavendel, Rainfarn, Salz.

Räucherwirkung: Ihre antibakterielle Wirkung macht die Bartflechte zu einem hervorragenden Räucherstoff für die Reinigung von Räumen. Sie ermöglicht dem Räuchernden, sein wahres Wesen zu erkennen und zu entdecken, wer er wirklich ist. Der würzige, herb-wilde Pflanzenduft soll die Fähigkeit zum Hellsehen und Wahrsagen steigern, Attribute, die in den Rauhnächten von großem Nutzen sind.

Beifuß

Beifuß verbreitete sich vor circa zehntausend Jahren in den europäischen Regionen, als sich die Gletscher zurückzogen. Schon die Großwildjäger der Altsteinzeit nutzten die aromatisch duftende Pflanze als Heilmittel und setzten sie bei ihren rituellen Feierlichkeiten ein. Damals weihten die Völker den duftenden Beifuß der Ahnengöttin Holle, der Schutzpatronin der gebärenden Frauen. Ebenso war er Wotan, dem Gott der Erkenntnis und dem Anführer der Wilden Jagd in den Raunächten, gewidmet, denn sein Rauch erleichtert in den geheimnisvollen Tagen den Kontakt mit unseren Ahnen und eignet sich hervorragend für Räucherungen, wenn ein Familienmitglied verstorben ist.

Beim rituellen Verbrennen ihrer Verstorbenen legten die Germanen Beifußzweige auf die Scheiterhaufen, um den Toten den Weg ins Jenseits zu erleichtern. Heute wird der Tod oft verdrängt und als etwas Fremdes, mit dem man nichts zu tun haben möchte, abgelehnt. Tatsächlich aber dient der Tod eines nahestehenden Menschen dazu, den Kontakt mit der Ahnenwelt aufzunehmen und Ratschläge für das Leben hier im Diesseits zu empfangen. Gerade in der Zeit zwischen den Jahren öffnen sich die Pforten für die jenseitige Dimension besonders leicht, und

der Räuchernde kann sich Einblicke in die Anderswelt verschaffen. Obwohl ein Mensch verstorben ist, realisieren wir, dass er nicht tot, sondern nur für unsere Wahrnehmung unsichtbar geworden ist. Wir können ihn spüren und mit ihm kommunizieren, wenn wir uns für die andere Welt öffnen.

Räucherempfehlung: Beifuß, Rainfarn, Fichtenharz, Salz.

Räucherwirkung: Der Rauch dieser Pflanze wirkt intensiv reinigend und ermöglicht daher eine effiziente Hausräucherung, die tiefsitzende, belastende Energien neutralisiert und die Pforten für das Neue im Leben öffnet. Das Kraut wird gern zur Linderung von Schmerzen und besonders bei Rheumaerkrankungen eingesetzt. Der Duft löst Probleme beim Einschlafen und unterstützt Veränderungen im Leben, weshalb er bevorzugt in Übergangszeiten wie den Rauhnächten verwendet wird.

Fichte

Die Fichte wächst schon seit circa zweihundert Millionen Jahren auf der Erde und speichert damit unschätzbares Wissen über unseren Planeten in ihrer Seele. In den Bergen findet sie genug Platz, um ihren majestätischen Charakter vollständig zu entfalten und ihre gewaltigen Kräfte zu entwickeln. Die Germanen sahen in ihr einen heiligen Baum, der sie schützt und heilt.

Im Mittelalter räucherten die Menschen das Harz, die Zapfen, die Rinde und die Nadeln der Fichte, um sich gegen Seuchen wie die Pest zu schützen und zu heilen. Fichtenharz gilt als wichtiger Bestandteil bei Haus-, Wohnungs- und allen anderen Raumräucherungen, da es Keime abtötet und die Atmosphäre von negativen Kräften befreit. Gerade nach dem Besuch unerwünschter Personen entfaltet eine Räucherung mit diesem süßlichen, herben und würzigen Baumsaft wieder eine angenehme Stimmung und setzt einen beruhigenden Duft frei. Sein frisch und intensiv riechender Rauch wirkt in Krankenzimmern stark desinfizierend und sorgt für eine behagliche Raumluft, die den Tatendrang des Erkrankten weckt und die Krankheitsdämonen beseitigt.

Räucherempfehlung: Fichtenharz, Wacholderbeeren, Mistelzweige, Rosenblüten, Styrax, Salz.

Räucherwirkung: Der balsamisch duftende »Waldweihrauch« ist eines der besten Desinfektionsmittel für die Stubenluft, reinigt die Aura, klärt den Geist, verbessert die Konzentration, beruhigt den Geist, tröstet und muntert auf. Er erdet den Körper, fördert das Selbstbewusstsein und schützt vor übelmeinenden Energien. In den Rauhnächten schärft dieses magische Baumharz die Intuition und ist daher hervorragend für Räucherungen geeignet, mit denen wir orakeln und in die Zukunft schauen möchten.

Lavendel

Das buschige Strauchgewächs wurde während der Pestepidemien gern zum Reinigen von schlechter Luft und zur Abwehr tödlicher Krankheitskeime verwendet. In den Rauhnächten wird das angenehm aromatisch-frisch duftende Kraut gegen unerwünschte Energien geräuchert, die in den klirrend kalten Nebelnächten in die warme Stube gelangen möchten. Die Duftpflanze ist zentraler Bestandteil vieler Rauhnachtsräucherungen, die schon gern von den keltischen Druidenpriester(inne)n für sakrale Zeremonien und Weissagungen in den rauen Nächten der Wilden Jagd eingesetzt wurden.

Mit diesem magischen Räucherwerk entfernt sich der Anwender von der Gegenwart und steigt mit dem duftenden Rauch gen Himmel, wo alles harmonisch strahlt und den Blick in die Zukunft richtet. Wie in Trance schweben die Gedanken über Wälder, Berge, Meere, umgeben von den frischen Düften der Natur. Dieser Wohlgeruch führt zu einem beglückenden Seelenzustand, er spricht mit den Menschen und umhüllt sie mit seiner Aura. Er hilft, Vertrauen aufzubauen und das Neue zuversichtlich zu beginnen. Lavendel gilt daher seit der Antike als eins der wertvollsten Duftkräuter und ist bei Kindern in Räuchermischungen wegen seines feinen Wohlgeruchs sehr beliebt. Er trägt sie in das Land der Träume und lässt sie ihre Fantasie zu Wirklichkeit werden.

Der Zauber des natürlichen Lavendeldufts verwandelt jede noch so schwer zu meisternde Lebenssituation in einen Zustand der Leichtigkeit. Wir befreien uns von blockierenden, einseitigen Sichtweisen und schreiten durch sich neu öffnende Pforten, die uns zahlreiche Wege zur Lösung der Lebensrätsel aufweisen. Eine »Körperräucherung« mit dem betörenden Duft des Lavendels erweitert unsere Lebenserfahrung um eine sehr sinnliche Dimension.

Räucherempfehlung: Lavendelblüten, Rosenblüten, Styrax, Salz.

Räucherwirkung: Der verführerische Wohlgeruch des Lavendels desinfiziert Räume, stärkt die Seelenkräfte, öffnet für Visionen und unterstützt das Selbstbewusstsein. Seine Tiefenwirkung klärt die Aura von belastenden Energien, wahrt Harmonie wie Frieden und besänftigt aufgepeitschte Gefühle.

Mistel

Das traditionelle Datum für die Mistelernte ist die Wintersonnenwende als Symbol für die Wiederkehr des Lichts. Eine Räucherung während der Rauhnächte schützt vor bösen Geistern, niederträchtigen Hexen, Blitz und Feuer. Die getrockneten Blätter der Mistel gehören zu den wichtigsten Räucherstoffen der Rauh- und Losnächte. Ihr Rauch dringt tief ins Unterbewusstsein ein und öffnet den Geist für neue Impulse.

Um diese magische Pflanze ranken sich viele Mythen und Legenden, und ihre Heilkraft gegen Tumoren, Arteriosklerose und Durchblutungsstörungen wird seit Jahrhunderten genutzt. Die keltischen Druiden, große Magier oder Zauberer wie Merlin glaubten, die Pflanzen seien direkt vom Himmel auf die Bäume gefallen, womit sie gar nicht so falschlagen, werden sie doch durch Vögel über das ganze Land verbreitet. Der Samen von den kugeligen, weißen, klebrigen Früchten gelangt beim Schnabelsäubern oder über die Ausscheidungen in die Krone des zukünftigen Wirtbaumes. Fallen die Samen zu Boden, sterben die Keimlinge ab.

Damit Misteln ihre Zauberkraft behielten, mussten sie mit einer goldenen Sichel vom Baum geschnitten werden, da Eisenklingen die magischen Kräfte verschwinden lassen sollen. Diese wiederum werden von Elfen ausgelöst, die dieses Metall nicht mögen und dann augenblicklich verschwinden. Ebenso dürfen sie niemals den Boden berühren, sonst büßen sie auch ihre magischen Kräfte ein. Eichenmisteln gelten in der Mystik und Medizin als besonders wirkungsvoll, da sie als Wesen zwischen Himmel und Erde, zwischen Leben und Tod vermittelnd tätig sind. Die Germanen verarbeiteten die immergrünen Zweige in jedem Zaubertrank. Sie nutzten die Zweige als Schlüssel in eine andere Dimension, um Kontakt mit den unsichtbaren Mächten aufzunehmen und deren Rat für ein erfülltes Leben im Diesseits zu erfahren. Des Weiteren sind immergrüne Mistelzweige ein Symbol für Freundschaft, Liebe und Glück. Aus der Zeit der keltischen Wintersonnenwendfeste stammt der Brauch, dass man unter einem Mistelzweig küssen durfte, wen man gerade darunter antraf.

Räucherempfehlung: Mistelkraut, Bartflechte, Fichtenharz, Salz.

Räucherwirkung: Krautig-würzige Mistelräucherungen weisen den Weg zur Gesundheit und schützen gegen niederträchtige Hexen und Berufung beziehungsweise Bezauberung.

Rainfarn

Schon vor über zweitausend Jahren verarbeiteten die Germanen Rainfarn in den Räucherungen der Rauhnächte. Zusammen mit Mistelkraut, Fichtenharz, Beifuß und Wacholderbeeren verräucherten sie einen magischen Duft in der sakralen Zeit und erhielten einen kräftigen Pflanzenzauber.

Rainfarn wirkt hervorragend als sogenanntes Berufs- oder Beschreikraut (zum Schutz gegen Bezauberung). Um vor übelwollenden Geistern und Menschen gewappnet zu sein, kann man dieses Kraut sowohl räuchern als auch in der Stube verteilen, denn der wohlriechende Duft führt zur Entspannung des Körpers und der Seele.

Der Rauch kräftigt die Nerven und baut Stress ab. Die gelben Blüten haben die wärmende Lebenskraft der Sonne gespeichert und setzen diese bei einer Räucherung wieder frei. Dabei fühlt sich der

Räuchernde beschützt, kraftvoll und voller Tatendrang. Diese Eigenschaften entwickeln ihn zu einer selbstbewussten Persönlichkeit, die ihn die Stolpersteine auf dem Weg zu seinem Lebensziel überwinden helfen. Während der Schwangerschaft sollte dieses toxische Kraut gemieden werden, da es den Nervenwirkstoff Thujon enthält und somit leicht giftig wirkt.

Räucherempfehlung: Rainfarn, Rosenblüten, Beifuß, Styrax, Weihrauch, Salz.

Räucherwirkung: Wie viele aromatische Kräuter wirkt Rainfarn antibakteriell und kraftvoll bei Hausräucherungen. Kombiniert mit Fichtenharz und Beifuß, erhält man eine starke Schutz- und Reinigungsräucherung. In den Rauhnächten leistet er gute Dienste beim Orakeln und vertreibt böse Gedanken, die den Blick in die Zukunft verschleiern.

Salz

»Weiter sagte der Herr zu Mose: Besorge dir wohlriechende Stoffe: Stakte, Onyx, Galbanum, Gewürzkräuter und reines Weihrauchharz. Nimm von jedem die gleiche Menge, und lass daraus die Mischung für das Räucheropfer bereiten. Füg auch etwas Salz hinzu, und verwende nur reine Stoffe« (2. Mose 30, 34).

Die reinigende Wirkung des Salzes aus dem Erdreich unseres Planeten, aus den Tiefen der Meere, den magischen Wüsten und mystischen Bergen spielte schon im Alten Testament eine wichtige Rolle. Jede Räucherung wurde mit diesem edlen Rohstoff versehen. Jahrtausende blieb Salz ein sehr wertvolles Gut und brachte jenen, die es besaßen, Reichtum und Macht. Das »weiße Gold« schuf blühende Städte und belebte den internationalen Fernhandel. Erst mit der Industrialisierung wandelte sich das einstige Luxusgut zum billigen Alltagsprodukt und verlor dabei viele seiner lebenswichtigen und wertvollen Substanzen. Zahlreiche Menschen besinnen sich heute wieder zurück auf die erlesenen Inhaltsstoffe dieser Kostbarkeit und legen Wert auf eine natürliche und schonende Gewinnung dieses Schatzes, den uns der Boden, die Berge sowie Wüsten und Meere unseres paradiesischen Planeten schenken.

Die Lebenskraft des Salzes verbindet uns mit den Möglichkeiten und Kräften des Universums. Die Energien des Kosmos öffnen uns in den Rauhnächten eine Tür nach der anderen, wenn wir bereit dazu sind, hindurchzuschreiten und uns dabei auf neue Reisen zu begeben: Reisen zu unendlich vielen Veränderungen in unserem Leben, die unsere innigsten Wünsche Wirklichkeit werden lassen und uns zu einem glücklichen Menschen machen.

Räucherempfehlung: Dieser Rohstoff kann bei jeder Räucherung eingesetzt werden.

Räucherwirkung: Salz reinigt die Atmosphäre in unserem Umfeld und öffnet unsere Sinne während der Rauhnächte für Neues im Leben. Es verleiht Zuversicht und Mut, um uns zielsicher durch die Höhen und Tiefen unseres Daseins zu führen.

Styrax

Das harzig-vanillig duftende Styraxharz ist eine zähflüssige, goldgelbe Masse, die aufgrund ihres Aussehens auch flüssiger Bernstein genannt wird. Dieser Balsam wird aus Amberbäumen gewonnen, die hauptsächlich im Mittelmeerraum und Vorderasien gedeihen. Der magische Baumsaft war in der Antike einer der wichtigsten Räucherstoffe und wurde zu dieser Zeit gern für Orakelräucherungen herangezogen.

Der Legende nach machten Styraxdämpfe, die aus den Räucherfässern emporstiegen, die Mädchen durch ihren Duft noch begehrenswerter. Daher war es im Land der Königin von Saba, dem Paradies aus Gold, Azur und Purpur, wo ewig Balsam, Weihrauch und Myrrhe flossen, ein wesentlicher Bestandteil der Räucherzeremonien.

Der Wohlgeruch des Styrax vermittelt eine direkte Verbindung zu den anderweltlichen Sphären. Auf dem Markt wird hauptsächlich mit Styraxbalsam getränkte Holzkohle angeboten, die in Verbindung

mit anderen Spezereien ihren geheimnisvollen Duft herrlich entfalten kann.

Meditationen mit Styraxräucherungen offenbaren die geheimnisvolle Welt der Seele, lenken den Blick auf das Wesentliche und bestärken uns darin, unserer inneren Stimme mutig zu folgen. Besonders in den Rauhnächten stärkt der Duft dieses edlen Harzes unser Urvertrauen, und wir erkennen, dass wir auf dem Pfad zu unserem Lebensziel keine Fehler machen können, sondern nur Erfahrungen, die uns in das Reich der Weisheit führen.

Räucherempfehlung: Styrax, Lavendel, Mistelzweige, Salz.

Räucherwirkung: Styraxrauch erzeugt eine romantische, liebevolle Atmosphäre, wirkt harmonisch, stimmungsaufhellend und ausgleichend, steigert Freude und Sinnlichkeit, fördert die Erkenntnis, stärkt den Geist und unterstützt die Selbstverwirklichung.

Wacholderbeeren

Wacholdersträucher sind die einzigen Nadelhölzer, die aromatisch-würzige Beeren tragen. Diese duften wie die dunklen Nadelwälder, nämlich nicht nur hocharomatisch-würzig, sondern auch nach feinem Harz. Seit prähistorischen Zeiten werden die magischen Kräfte des Wacholders beobachtet, ein Umstand, der für die Verwendung in den zwölf heiligen Nächten gute Dienste leistet. Die nordischen Waldvölker nutzten den Rauch, um in dieser Zeit Prophezeiungen zu unterstützen. Im Mittelalter versuchten die Menschen während der Pestepidemien, durch Räuchern von Wacholder ihr Leben zu retten. Sie räucherten damit alle Räume ihrer Häuser aus und entzündeten mächtig qualmende Wacholderfeuer in den Straßen, um der todbringenden Seuche Einhalt zu gebieten und sich vor Ansteckungen zu schützen. Beim Räuchern der magischen Beeren erkennen wir, dass die Stubenluft durch nichts so gut gereinigt wird wie durch das Verglimmen dieser Zauberfrüchte. Sie schaffen eine mystische Atmosphäre und verbinden uns durch ihre wundersamen Fähigkeiten mit den Seelen der Verstorbenen.

In Märchen tritt der magische Wacholder als Pflanze auf, die nicht nur den Kontakt mit den Ahnen herstellt, sondern auf den Wandlungsprozess zur geistigen Reife unterstützt. Durch das Räuchern seiner Beeren, Nadeln, seines Holzes und Harzes erreichen wir diese Verbindung und erhalten wertvolle Impulse für unser Leben und unseren inneren Reifeprozess. Der Rauch dieser Pflanzenteile erleichtert einem Menschen den Übergang in die jenseitige Welt und intensiviert den Kontakt während dieses Wandlungsprozesses zwischen den zurückbleibenden Verwandten und der heimgehenden Seele. In den Rauhnächten fördert der würzige Rauch unsere Intuition, er lehrt uns, auf die innere Stimme zu hören, die zu jedem Menschen spricht, aber nur selten wahrgenommen wird.

Räucherempfehlung: zerstoßene Wacholderbeeren, Rosenblüten, Weihrauch, Fichtennadeln, Fichtenharz, Salz.

Räucherwirkung: Schon seit der Steinzeit werden Wohnräume mit Wachholderräucherungen desinfiziert, um Krankheiten, Verwünschungen und übelmeinende Gedanken zu vertreiben. Sein Rauch stärkt die Abwehrkräfte, fördert die Konzentration, sorgt für Entspannung, gibt Sicherheit und unterstützt den Kontakt zu unseren Ahnen.

Kräuterbuschen

Je nach Region befinden sich unterschiedlich viele Pflanzen in den Kräuterbuschen, die Anzahl schwankt, ist jedoch immer eine mystische oder symbolträchtige Zahl: Sieben, neun oder zwölf unterschiedliche Gewächse gehören in einen Kräuterstrauß, der zum Fest der Himmelfahrt Mariens am 15. August eines jeden Jahres gebunden wird. In dieser Zeit sollen die Heilpflanzen besonders viele Wirkstoffe besitzen. Gesammelt werden sie am Abend vorher.

Zwischen Juli und August pflücken wir sie alle, um die Familie mit heilendem Tee, vor allem durch die kalte Jahreszeit hindurch, zu versorgen. Heimische Kräuter wie Alant, Arnika, Baldrian, Beifuß, Frauenmantel, Eisenkraut, Johanniskraut, Haselzweige, Holunderzweige, Kamille, Königskerze, Quendel, Rainfarn, Rossminze, Schafgarbe, Thymian und Wacholderzweige stärken die Abwehrkräfte des Körpers und beugen Erkältungen vor. In ländlichen Gegenden wird der Buschen im Herrgottswinkel aufgehängt, von wo seine behütende Energie durch das ganze Haus strömt.

Heilkräuter wurden schon in vorchristlicher Zeit den Göttern geopfert, als Dank für deren Schutz und Heilkraft. In den Rauhnächten schwebt ein überwältigender Duft durch die Stube, wenn der Buschen sachgemäß entzündet wird. Dann verströmt er im aufsteigenden Rauch nicht nur seine Heilwirkung, sondern auch seine Zauberkräfte.

Räucherempfehlung: siehe oben.

❄

Räucherwirkung: Der Kräuterstrauß desinfiziert die Stube bestens, besonders wenn unerwünschte Personen anwesend waren. Kranke und Sterbende fühlen sich tief geborgen, sie spüren die tröstende Natur, die sich wie ein sanfter weißer Schleier heilend und segnend um ihr Haupt legt. In den Rauhnächten verbindet uns das Verbrennen dieses Kräuterstraußes mit den magischen, unsichtbaren Welten, die uns wertvolle Nachrichten für unsere Zukunft durch den Rauch übermitteln.

Geräuchertes, Aromatisches und Süßes zu den Rauhnächten

Einst gab es unter der Woche nur Brei oder Mehlsuppe als tägliches Essen, und ausschließlich zu ganz besonderen Feiertagen wurde frisches Fleisch gegessen und wurden Würste und Speck serviert. Zur Haltbarmachung griff man auf das Räuchern zurück, was sich zunehmend wieder größerer Beliebtheit erfreut. Spuren aus solchen vergangenen Zeiten können immer noch im Schwarzwald entdeckt werden, wo wir in den Genuss längst vergessener, magischer Geschmacksdimensionen eintauchen, nach denen sich unsere Seele sehnt.

Daneben spielen in den geheimnisvollen Nächten süßes Julgebäck, orientalische Spezereien und genüssliche Zaubertränke eine große Rolle. Die Anfänge der wundervollen Weihnachtsbäckerei reichen zurück bis in die Antike, in der man bereits mit Honig gesüßte Kuchen kannte. Im frühen Mittelalter wurden in Klöstern köstliche Honigkuchen hergestellt und als gesundes und lange haltbares Gebäck geschätzt. Über die großen Handelsstraßen, die sich in Städten wie Augsburg, Nürnberg, Köln und Lübeck kreuzten, kamen kostbare Gewürze und Aromastoffe aus fernen Ländern nach Europa. Die in Piment, Sternanis, Kardamom und Zimt enthaltenen ätherischen Ölen wirken antibakteriell und sollten das Gebäck vor dem Verderben bewahren.

Die wohltuende Wirkung der Öle auf Magen und Verdauung war schon vor zweitausend Jahren bekannt, und sie wurden gern in köstlichsten Nachspeisen nach einem deftigen Festessen verzehrt. Viele

Gewürze wurden zeitweise für wertvoller gehalten als Gold und waren für das einfache Volk unerschwinglich.

Ab dem ersten Advent verwandeln Großeltern, Mütter und Kinder die festliche Backstube in ein zaubervoll duftendes Paradies. Die Aromen von Vanille, Mandeln, Kardamom, Koriander, Nelkenöl und Zimt liegen in der Luft. Würziges Gebäck in Form von Sternen und Brotlaibe erinnern an die heidnischen Fruchtbarkeitskulte unserer Ahnen, die damit ihre Hoffnung auf ein neues, erntereiches Jahr ohne Hunger und Not nährten.

Geräucherter Schinken, Speck und Würste aus Rauchhäusern

Wenn im November die Tage kälter wurden, die Ernte eingebracht war und die Schweine fett gemästet waren, dann begann die Zeit des Schlachtens. In den germanisch-keltischen Regionen wurden der Oktober und ganz besonders der November mit dem Beginn der Rauhnächte in der kalten Jahreszeit als  Schlachtmonate festgelegt. Vor allem die Wintersonnwende galt bei unseren germanisch-keltischen Vorfahren als sakrales Schlachtfest zu Ehren der wiederkehrenden Sonne. Es wurde gefeiert, geräuchert, gesungen, geopfert, und man vollzog wilde Tänze. Dieses Ritual war mit sehr viel Freude verbunden, die früher herrschte, wenn nach langer fleischarmer Zeit wieder geschlachtet wurde.

Dem Schlachtvieh begegnete man mit Demut und Anerkennung, es wurde geweiht, und der Metzger sprach vor dem Töten Worte wie: »Dies geschieht um der Nahrung willen, nicht aus Hass.«

Nach der Christianisierung waren Nikolaus, Weihnachten und Fastnacht ganz besonders mystische Tage zum Schlachten. Es war kein alltäglicher Vorgang, sondern ein Ereignis für das ganze Dorf. Alle Bewohner beteiligten sich an den Arbeiten, und am Abend saßen alle in der Stube zusammen, lachten, feierten und ließen den Tag gemütlich ausklingen. In den traditionellen Bauernhäusern des Schwarzwalds war es jahrhundertelang üblich, in der Küche des Wohnhauses zu räuchern. Diese Häuser verfügten damals über keinen Rauchabzug, und so stieg der Rauch von der Feuerstelle in der deckenlosen Küche mit steinigem Boden direkt nach oben unter das etwa sechs Meter höher liegende Dachgewölbe, wo Fleisch, Schinken, Speck, Gänsebrust, Würste und Fische an Holzstangen hingen, die im kalten Rauch haltbar gemacht wurden.

Der beißende Qualm schmerzte damals nicht nur in den Augen der Bewohner, sondern färbte die ganze Küche und den Dachstuhl pechschwarz. Gleichzeitig vertrieb er das Ungeziefer in den Getreidespeichern und konservierte die Rauchwaren, die im Gewölbe aufgehängt waren. Für einen unverwechselbaren feinen und edlen Geschmack sorgte ein Räucherfeuer aus grünem Tannenreisig und Zweigen vom Wacholderstrauch. Davor wurde das leichtverderbliche Fleisch mit einer Mischung aus Pökelsalz, Wacholderbeeren, zerstoßenen Pfeffersamen, Zucker, Koriandersamen, Knoblauch und Lorbeerblättern eingerieben, einem ersten mehrwöchigen Konservierungsprozess, der der Ware das Wasser entzog. Zudem verhinderte das Einsalzen nicht nur den Befall durch Ungeziefer, sondern zauberte auch einen unverwechselbaren, würzigen Geschmack hervor. Bis heute ist es nicht gelungen, diesen rauchigen, kostbaren Gaumenschmaus durch industrielle Produktion zu erreichen. Wer also noch in den Genuss dieser Geschmacksveredelung kommen möchte, wie sie unsere Vorfahren kannten, der besucht am besten im Schwarzwald einen der wenigen Gutshöfe, die diese Verfahren bis heute anwenden und den Genussmenschen edle Würste und Schinkenspeck anbieten.

Räuchern von Fisch wie beispielsweise Forelle, Scholle, Aal, Renke und Saibling ist in der Regel sehr einfach. Dazu braucht man nur einen kleinen Räucherofen, den man draußen im Garten oder auf dem Balkon aufstellen kann. Dann bereitet man eine Salzlake vor, die aus folgenden Zutaten besteht:

250 g Salz
4 l Wasser
1 Handvoll Lorbeerblätter
1 Handvoll Wacholderbeeren

Dieser Sud wird 20 Minuten aufgekocht, und die Fische aus der Kühltruhe oder frisch vom Händler werden acht bis neun Stunden darin eingelegt. Nach der Einwirkzeit muss man die Ware unter fließendem Wasser abwaschen, mit Küchenkrepp trocknen, in den Räucherofen legen und mit Buchenspänen und Wacholderbeeren nach Gebrauchsanleitung räuchern. In der Regel sind die Fische nach 25 bis 30 Minuten fertig. Für Anfänger lohnt sich ein kleiner Tischräucherofen für etwa vier Fische. Profis arbeiten mit Räucherschränken, die ein wesentlich höheres Fassungsvermögen besitzen und für Aale gut geeignet sind.

Gut dazu passt das würzig-süffige Rauchbier, das in der Region Bamberg seit Jahrhunderten gern getrunken wird. Das notwendige Gerstenmalz wird über offenem Feuer aus Buchenholzscheiten getrocknet. Dabei gibt der Rauch sein Aroma an die Bierzutat ab. In alten Kupferkesseln gebraut, reift der begehrte Gerstensaft immer noch in den traditionellen Felsenkellern aus dem 14. Jahrhundert.

Zimtsterne

Sterne weisen seit alters auf Asgard hin, das Land der Götter. Folgt man ihnen, so erreicht man Walhall, die riesige Halle, in der Odin an seiner reich gedeckten Tafel die Gefallenen aufnimmt und mit ihnen

bis in unendliche Zeiten feiert. Sterne versinnbildlichen Schutz gegen die dämonischen Kräfte der Winterstürme und das vernichtende Feuer der gewaltigen Blitze in der klirrend kalten Zeit. Zimt gilt in der richtigen Dosierung und Zubereitung als Aphrodisiakum und ist seit dem Altertum ein hochgeschätztes Gewürz während der magischen Tage. Hier ein Rezept für Zimtsterne:

4 Eiweiß

1 Prise Salz

300 g Zucker

2 EL Zitronensaft

2 TL Zimt

420 g gemahlene Mandeln

Eiweiß mit Salz steif schlagen. Zucker einrieseln lassen, Zitronensaft zugeben und weiter schaumig schlagen. Für die Glasur drei bis vier Esslöffel der Masse abnehmen und kalt stellen.

Den restlichen Eischnee in die mit dem Zimt vermischten Mandeln mengen, 20 Gramm Mandeln zurückhalten. Zu einem geschmeidigen Teig verkneten. Zum Ausrollen den Rest der Mandeln auf die Arbeitsfläche streuen. Teig sechs bis acht Millimeter dünn ausrollen. Sterne ausstechen und auf ein Blech mit Backpapier legen. Die Sterne mit der zurückbehaltenen Glasur bestreichen und anschließend über Nacht bei Zimmertemperatur trocknen lassen.

Am nächsten Tag den Ofen auf 120 Grad Celsius Unter- und Oberhitze vorheizen. Die Sterne im Ofen etwa 25 Minuten mehr trocknen als backen lassen, sodass die Glasur schneeweiß bleibt. Herausnehmen und auskühlen lassen.

Elisenlebkuchen

Schon viertausend Jahre vor unserer Zeitrechnung gab es im Land der Pharaonen süße Fladen, die zu sakralen Festen gerne verspeist wurden. Damals dienten sie der Vertreibung von Dämonen, als Opferspeise für die edlen Götter und Grabbeigabe für die langen Reisen ins Jenseits, da sie sehr haltbar und kräftigend waren. Die vielen Mandeln und Nüsse in den Kuchen waren eine typische Beigabe als Zeichen für ein Gebäck, das sinnbildlich für Tod und Auferstehung stand.

Über Griechenland und das Römische Reich gelangten diese Leckereien nach Europa, wo die Mönche sie in den klösterlichen Küchen herstellten und in ihren Apotheken als heilende Nahrungsmittel und Arzneimittel feilboten. Mittelalterliche Handelsstraßen liefen in Nürnberg zusammen, und so entwickelte sich die Stadt als Umschlagplatz für exotische Gewürze, die damals unter dem Überbegriff »Pfeffer« gehandelt wurden. Alle Kuchen, die damals mit den orientalischen Gewürzen hergestellt wurden, nannte man daher Pfefferkuchen:

6 Eiweiß
750 g Zucker
30 g Lebkuchengewürz
450 g gemahlene Haselnüsse
125 g Mehl
100 g Zitronat
100 g Orangeat
2,5 g Hirschhornsalz
Backoblaten

Zum Verzieren: 100 g Puderzucker und Kuvertüre
1 bis 2 EL Zitronensaft
Nach heißem Wasserbad geschälte und halbierte Mandelkerne

Eiweiß mit dem Zucker schaumig schlagen. Nach und nach das Gewürz, das Hirschhornsalz, die gemahlenen Nüsse sowie das Mehl unterheben. Zitronat und Orangeat fein hacken und zugeben. Alles gut verrühren, bis eine streichfähige, nicht zu flüssige Masse entsteht und in einem Topf abrösten. Oblaten aufs Backblech mit Backpapier legen und mit etwa 60 Gramm Teig bestreichen. Zum Rand hin den Teig etwas abflachen. Drei bis vier Stunden trocknen lassen.

Backofen auf 160 Grad Celsius vorheizen und die Lebkuchen Blech für Blech auf der mittleren Schiene etwa 20 Minuten backen. Das fertige Gebäck auf einem Kuchengitter auslegen. Kuvertüre im Wasserbad schmelzen und etwas abkühlen lassen. Puderzucker mit Zitronensaft zu einem Guss anrühren. Die noch lauwarmen Lebkuchen entweder mit der Kuvertüre oder dem Guss bestreichen und mit halbierten Mandelkernen garnieren.

Kletzenbrot

Schon die Kelten trockneten in der Herbstsonne und warmen Umgebungsluft Birnenscheiben, um für den Winter mit süßen Früchten versorgt zu sein. Damals wurden sie unter den Getreidebrei gemengt, der damit eine bedeutende Heilkraft auf die Menschen ausüben sollte. Als Brot verarbeitet, soll dieses uns bis heute besonders stark machen, das ganze Jahr über gesund erhalten, vor Hexenschuss und Kreuzschmerzen bewahren und das Leben verlängern.

Traditionell wird mit dem Backen dieses Brotes um den 30. November, dem Andreastag, begonnen, spätestens am Thomastag, dem 21. Dezember, sollte man nach altem Glauben das Backen beenden, denn in den folgenden zwölf unheilvollen Raunächten durfte auf keinen Fall gearbeitet werden, sonst würde einen der Tod heimsuchen oder ein Unglück passieren. Heute wissen wir, dass es in den Rauhnächten auf die innere Einkehr und Besinnung ankommt und man ungestraft seinen Arbeiten nachkommen kann, ohne mit dem Leben oder Lebensglück dafür bezahlen zu müssen.

Angeschnitten wird das würzig-fruchtige Brot nach altem Brauch erst am Weihnachtstag oder sogar erst am Stephanstag, dem 26. Dezember, durch den Herrn des Hauses. Bis ins 20. Jahrhundert hinein war es auch auf dem Hof meiner Urgroßeltern üblich, den Tieren im Stall ihren Anteil an diesem Weihnachtsgebäck zu geben, so sollte ebenfalls Glück in den Stall einziehen, damit die Kühe übers Jahr viel Milch geben und alle Tiere gesund bleiben.

Die ältesten Rezepte für dieses Brot stammen aus dem späten 18. Jahrhundert. Die dazu verwendeten Gewürze – Anis, Fenchel, Koriandersamen, Piment und ein Stück Ceylon-Zimt – werden zu gleichen Teilen erst vor der Zubereitung gemischt und frisch gemörsert:

3 Eier

120 g Mehl

1 Päckchen Backpulver

1 Päckchen Vanillezucker

1 Tüte ganze Haselnüsse

100 g Walnusskerne grob gehackt

50 g brauner Zucker

1 Tüte Mandeln

150 g Birnenschnitze (Hutzen oder Kletzen)

150 g getrocknete Zwetschgen oder Pflaumen

1 TL Anissamen, frisch gemörsert

100 ml Milch oder Wasser

1 Tüte ganze Pistazien

1 EL Lebkuchengewürz

1 EL Puderzucker

Fett für die Form

Die Eier aufschlagen und mit allen anderen Zutaten gut verrühren. Eine Kastenbackform gut einfetten und den Teig einfüllen. Die Brotmischung bei 170 Grad Celsius 50 bis 60 Minuten backen. Aus der Form stürzen und auf einem Rost völlig auskühlen lassen.

Tipp: Traditionell bewahrt man das Brot in einem 10 bis 15 Grad Celsius gelüfteten Raum in einem Steinguttopf oder einer fest schließenden Blechdose auf.

Variationen: Anstatt Wasser oder Milch können Zwetschgenschnaps, Pflaumen- oder Birnensaft verwendet werden.

Neujahrsbrezeln

Die Neujahrsbrezeln symbolisieren den bevorstehenden Jahreslauf und beschwören, dass sich auch im neuen Jahr alles rund fügen möge. Die magische Wirkung der Brezel beruht darauf, dass sie weder Anfang noch Ende hat und somit Ewigkeit, Einheit, Festigkeit, Geschlossenheit, Freundschaft und Verbundenheit einer Gemeinschaft signalisiert. Anfang und Ende fallen zusammen, keiner vermag zu bestimmen, wo der Anfang, wo das Ende ist.

Seit frühester Zeit werden der Brezel mystische und geheime Kräfte zugeschrieben. Sie gilt als Zeichen für ein harmonisches Jahr, als Glücksbringer und soll vor Krankheit, Unglück und Hunger schützen, deshalb wird sie gerne am Neujahrsmorgen verschenkt und gemeinsam verzehrt. Sie versinnbildlicht zudem nicht nur Verbundenheit mit den Beschenkten, sondern auch mit den Nutztieren, an die die Reste des Gebäcks früher verfüttert wurden. So verschafften sich unsere Ahnen Vertrauen in den bevorstehenden Kreislauf des Jahres, der sie oft vor kaum lösbare Herausforderungen stellte, da die Naturgewalten wie Stürme, harte und lange Winter mit geschlossener Eisdecke bis in den frühen Sommer hinein mit Hunger und Tod konfrontierte. Ferner sollten Teile des heiligen Gebäcks auf den Feldern vergraben werden, um der Fruchtbarkeitsgöttin Speisen für eine reiche Ernte zu widmen.

Ursprünglich wurde die Brezel als Brot in Form eines Ringes bei kultischen Zeremonien im Altertum verspeist, mit dem die ersten Christen das Abendmahl feierten. Sie verhieß Gesundheit, ein langes Leben und eine üppig gedeckte Tafel im gesamten Jahr:

500 g Weizenmehl

2 EL Zucker

80 g weiche Butter

1 Würfel frische Hefe

200 ml lauwarme Milch

1 gehäufter TL Salz

1 Ei

Etwas abgeriebene Zitronenschale

1 weiteres Ei (Größe M)

1 Eigelb und 2 EL Milch zum
Bestreichen

Mehl in eine Schüssel geben, eine Mulde formen und Zucker und Butter hineinfüllen. Die Hefe in der lauwarmen Milch auflösen und einen Teil davon in die Mulde schütten. Salz, Ei, die restliche Milch und die abgeriebene Zitronenschale hineingeben.

Alle Zutaten mit dem Knethaken zu einem geschmeidigen Teig verarbeiten. Diesen mit einem Küchentuch abdecken und an einem warmen Ort so lange aufgehen lassen, bis sich der Teig sichtbar verdoppelt hat. Ein Backblech mit Backpapier auslegen. Nun können Brezeln geformt werden.

Dazu den Teig auf einer leicht bemehlten Arbeitsfläche noch einmal durchkneten. Ein Drittel des Teigs nehmen und aus dem restlichen Teig eine circa 120 Zentimeter lange Rolle formen, die in der Mitte dicker sein sollte und an den Enden dünner ausläuft. Auf dem Backblech die Rolle zu einer Brezel formen und die Teigenden mit Zahnstochern fixieren. Aus dem restlichen Teig drei etwa gleich lange

Rollen formen, zu einem Zopf flechten, indem man am besten in der Mitte anfängt und den Teig zu beiden Enden hin flechtet. An der dicksten Stelle der Brezel mit Zahnstochern befestigen.

Die Brezel mit der Eigelb-Milch-Mischung bestreichen. Circa 30 Minuten bei 170 Grad Celsius backen. Danach die Brezel mit dem Backpapier auf einen Küchenrost ziehen und abkühlen lassen.

Marzipan

Die Geschichte des Marzipans ist geheimnisvoll. Die süße Köstlichkeit wurde ursprünglich im Orient, vermutlich in Persien, entdeckt, wo sie angeblich den Haremsdamen gereicht wurde, die von diesen edlen Genusshappen nicht genug bekommen konnten. Der Legende nach soll es dort nach einer Hungersnot erfunden worden sein, als es nur noch Zucker und Mandeln in den Vorratslagern gab.

Im Mittelalter drangen die Araber nach Europa vor und brachten diese wunderbare Leckerei mit, die später in Lübeck und Nürnberg verfeinert wurde. Die Popularität des Marzipans begann in Europa als Arzneimittel gegen Verstopfungen, Blähungen und als Potenzmittel. Daher war es nur in Apotheken erhältlich und wegen der hohen Rohstoffpreise allein vom gehobenen europäischen Adel konsumiert worden. Im 19. Jahrhundert kam es der breiten Bevölkerung zugute, nachdem der notwendige Zucker zu günstigen Preisen aus dem Eigenanbau von Zuckerrüben gewonnen worden war und die Mandeln aus Übersee zu geringeren Rohstoffpreisen geliefert werden konnten:

500 g süße Mandeln
5 Bittermandeln aus der
Apotheke
500 g Puderzucker
50 ml Rosenwasser
70 g zuckerfreies zartbitteres
Kakaopulver

Die süßen und die bitteren
Mandeln mit kochend heißem
Wasser überbrühen, zehn Mi-
nuten ziehen lassen und häuten. Die Mandeln abkühlen lassen und
dann zusammen mit dem Puderzucker durch die Mandelmühle drehen. Alles zusammendrücken und erneut durch die Mandelmühle
drehen. Durch das Pressen der Mandeln tritt Öl aus, das durch den
Puderzucker sofort aufgesaugt wird. Deshalb ist es wichtig, den Zucker zusammen mit den Mandeln durch die Mühle zu geben.

Die Masse mit etwas Rosenwasser durchkneten und zu kleinen Kugeln formen. Diese noch feucht in Kakaopulver wälzen und auf
Backpapier setzen. Das Marzipan in Blechdosen schichten und zwischen den einzelnen Lagen Pergamentpapier geben. Sie können es im
Kühlschrank circa eine Woche aufbewahren.

Glühwein

Der heiße Wein mit dem unverwechselbaren würzigen Duft gehört
zur weihnachtlichen Tradition wie der Weihnachtsbaum und die Lebkuchen. Sein Ursprung reicht zurück bis ins Römische Reich, wo vor
circa zweitausend Jahren der meist saure Wein mit Gewürzen und

Honig versetzt wurde, um ihn geschmacklich zu veredeln und haltbar zu machen. Das zwei Jahrtausende alte Kochbuch des Römers Apicius (circa 25 v. Chr. bis 42 n. Chr.) empfiehlt Lorbeer, Koriander, Thymian, Muskat und Piment für einen magischen Zaubertrank, der die Pforten in eine berauschende Genusswelt öffnet, die einem sonst verborgen bleibt.

Die schwindelerregend hohen Preise für die Gewürze aus dem Morgenland und dem fernen Indien sorgten früher für die Exklusivität des Glühweins, sodass nur die wohlhabende Oberschicht in den Genuss dieses geheimnisvollen Geschmackserlebnisses gelangte. Wie schon die Lebkuchen wurde dieser Wein als Arzneimittel verabreicht. Die ätherischen Öle der wohlschmeckenden Gewürze sorgten für ein schnelles Wohlbefinden nach dem Verzehr dieser Köstlichkeit. Die Blütenknospen der Gewürznelken von den Molukken kurbeln die Verdauung an und wirken Bakterien entgegen. Zimtrinde von den Küsten Indiens fördert die Verdauung, stärkt das Immunsystem und mindert Völlegefühl. Des Weiteren wirkt er aphrodisierend. Kardamom aus Sri Lanka, bis heute eines der wertvollsten Gewürze, regt die Verdauung an, hebt die Stimmung und steigert das Glücksgefühl:

1 Orange
1 Flasche Rotwein
300 ml Traubensaft
5 im Mörser aufgedrückte Kardamomkapseln
10 ganze Nelken
5 aufgedrückte Pimentkörner
2 Zimtstangen
2 TL frisch gemörserter Koriandersamen
4 Sternanis
1 Prise frisch geriebene Muskatnuss
2 EL Rohrzucker

Die Hälfte der Orangenschale abreiben und die Frucht in Scheiben schneiden, Rotwein, Traubensaft, Orangenabrieb und Gewürze in einem Topf bis kurz vor dem Siedepunkt erhitzen, nicht kochen. Die Orangenscheiben zum Wein geben und circa eine Stunde ziehen lassen. Durch ein feines Sieb abgießen.

Weißer Glühwein: Weißwein, weißen Traubensaft, Akazienhonig, Zimtstangen und Orangenschalen aufkochen. Zehn Minuten ziehen lassen.

Tannen- und Fichtensaft

Tannen und Fichten sind die typischen Baumarten unserer Wälder. In ihren immergrünen Zweigen steckt sehr viel Symbolkraft, die sich vor allem in den Rauhnachtsritualen widerspiegelt. In solchen Zeiten hole ich die Zweige besonders gern bei einem besinnlichen Spaziergang durch den tief verschneiten Winterwald. Nach keltischer Tradition lege ich die grünen, nadeligen Ruten auf Fensterbänke oder hänge sie ans Fenster, damit verbreitet sich die Stimmung des Waldes in allen Räumen. Unsere Ahnen gingen davon aus, dass sich an den Ästen Feen und gute Geister aufhalten, die vor der winterlichen Kälte in die Wärme des Hauses geflohen waren, um die Familie mit Glück und Fruchtbarkeit zu segnen.

Einige Zweige verwende ich für den Saft, der mit seinem harzigen und würzig duftenden Wohlgeruch eine harmonische Stimmung in der Stube verbreitet:

Fichten- oder Tannenzweige, deren Menge zur Befüllung eines halben Topfes reicht
Kandiszucker nach Belieben
Wasser

Mit den Zweigen die Hälfte eines Topfes bestücken, die zweite Hälfte mit Wasser auffüllen. Die Mischung auf höchster Herdstufe zum Kochen bringen, danach auf niedriger Stufe 30 Minuten weiterköcheln lassen. Die Flüssigkeit durch ein Sieb gießen, zuckern und abermals fünf Minuten kochen lassen. Sofort in Flaschen abfüllen und diese nach dem Verschließen mit dem Flaschenhals nach unten für 30 Minuten in einen Korb stellen. Diese Vorgehensweise ist für eine lange Haltbarkeit notwendig.

Hubertusbrötchen

Als symbolischen Schutz gegen tollwütige Tiere aß man in früheren Zeiten am 3. November, dem Tag zu Ehren des heiligen Hubertus, süße Brötchen, die nach ihm benannt wurden. Mit dem Verzehr wog man sich in Sicherheit vor Gefahren und gewann die Zuversicht, dass einem nichts im Wald passierte. Den Festtag zelebrierte man mit Feierlichkeiten rund um die Jagd.

Vielerorts werden noch heute die leckeren süßen Brötchen ans Vieh im Stall und an Hunde und Katzen verfüttert, um auch diese Vierbeiner mit dem Hubertussegen gegen Krankheiten zu schützen. Groß und Klein freuen sich immer wieder auf den festlichen Tag, wenn stolze Jäger nach einer erfolgreichen Jagd ihre Beute präsentieren und zur Feier des Tages leckere Hubertusbrötchen gereicht werden:

4 EL Milch	1 Ei
125 g Butter	1 Eiweiß
400 g Weizenmehl	125 g Speisequark
1 Päckchen Trockenbackhefe	100 g Rosinen
80 g Zucker	1 Eigelb und 1 EL Milch
1 Päckchen Vanillezucker	zum Bestreichen
1 Prise Salz	

Die Milch in einem kleinen Topf erwärmen und darin die Butter zerlassen. Mehl mit Hefe in einer Rührschüssel vermischen. Übrige Zutaten, bis auf die Rosinen, hinzufügen und alles mit einem Knethaken zu einem glatten Teig verkneten. Diesen zugedeckt an einem warmen Ort so lange gehen lassen, bis er sich etwa verdoppelt hat. Inzwischen das Backblech mit Backpapier belegen und den Backofen vorheizen (Unter- und Oberhitze 180 Grad Celsius, Heißluft 160 Grad Celsius).

Teig noch einmal durchkneten und die Rosinen gleichmäßig darunter verteilen. Den Teig in zwölf gleich große Stücke aufteilen. Jedes Teigstück zu einem runden Brötchen formen. Diese auf das Backblech setzen und nochmals an einem warmen Ort so lange gehen lassen, bis sie sich sichtbar vergrößert haben. Eigelb mit Milch verrühren und die Brötchen damit bepinseln. Anschließend etwa 20 Minuten backen lassen.

Die Rauhnächte
im Jahr 2019

Nach dem Hundertjährigen Kalender steht das ablaufende Jahr 2019 unter der Regentschaft des Planeten Merkur. Der Götterbote Merkur wirkt kräftig auf die Rauhnächte am Ende dieses Jahres ein. Mit List und Leichtigkeit meistert er die Herausforderungen in dieser Zeit. Er unterstützt die innere Einkehr und hilft, die Vergangenheit zu bewältigen. Als Gott, der alle Wege kennt, fördert er die alternative Herangehensweise bei der Ursachenforschung von ungelösten Schwierigkeiten vergangenen Geschehens. Die Seele freut sich auf seine Hilfe, kann sie doch mit seinem Einsatz auf größtmögliche Unterstützung hoffen und triumphierend auf die letzten zwölf Monate zurückschauen.

Die nordischen Völker assoziierten ihn mit Wotan, dem Führer der Wilden Jagd, der als Führer der Toten die Menschen direkt mit ihren Ahnen verbindet, wenn aus der Anderswelt Hilfe erbeten wird. Merkur verstärkt die übersinnlichen Fähigkeiten und ermöglicht die Kommunikation des Unterbewusstseins mit dem Reich unserer Vorfahren.

2019 ist das Jahr, das von dem Element Erde vollständig in seinen Bann gezogen wird. Ihre Attribute Sicherheit, Halt und Stabilität, Leben und Wachstum stehen im Mittelpunkt der diesjährigen Rauhnächte. Festen Boden unter den Füßen spüren, sich erden, um die Urkraft und die starken Wurzeln der Vergangenheit, die jedes Leben prägen, wahrzunehmen und das Erdbewusstsein zu fühlen, dies alles offenbart sich in den dunklen Nächten. Das Gewahrwerden von Elementarwesen der Erde wie Elfen, Feen und Zwergen in jedem sanften Windhauch, in allen hypnotisierenden Düften, jedem köstlichen Geschmack und munteren Gesang und allen farbenfrohen Bildern, mit denen uns die Erde täglich verwöhnt, vereint uns mit der Erdseele und ist die Kraftquelle für Erfolg und Glück.

Das Symboltier in den verbleibenden Rauhnächten des alten Jahres ist das Schwein. Es war das göttliche Wundertier der Kelten. Die keltischen Götter ritten gerne dieses Kraftsymbol, um ihre Stärke und Fruchtbarkeit zu demonstrieren. Unsere heidnischen Vorfahren beschworen erfolgreich den Wildschweingeist, wenn sie an vermeintlich unheilbaren Krankheiten litten.

Wildschweine finden mit ihren hellseherischen Eingebungen die kraftvollsten Wurzeln vieler Heilkräuter im Reich der Erdmutter. Vor etwa neuntausend Jahren wurde dieses intelligente und lebensfrohe Tier domestiziert. Es versinnbildlicht Wohlstand, sorgenfreies Dasein und einen erfolgreichen Neubeginn. Die damaligen Waldvölker opferten ihrer Erdgöttin gesunde, prächtige Ferkel als sakrale Tiere und dankten ihr für den Reichtum des Waldes.

Die Farben der Einweihung – Weiß, Rötlich und Schwarz – gehen auf die Körperfärbung des Schweins zurück und demonstrieren die Farben des Lebenskreislaufs: Geburt, Leben und Tod. Den nordgermanischen Sagen zufolge stößt ein göttlicher Eber die Pforten zum neuen Jahr auf. »Schwein haben« ist immer noch ein beliebter Ausdruck für »Glück haben«, der in diesen Zeiten seinen Ursprung hat.

Klärung der Vergangenheit

Das ablaufende Jahr steht ganz im Zeichen der Sehnsucht und Träume. In den Rauhnächten wird es also Zeit, sich die Fragen zu stellen: Höre ich auf die Stimme meines Herzens? Folge ich meiner Sehnsucht? Bin ich meinen Träumen treu geblieben?

Träume ermöglichen, die Weisheit des Herzens zu finden. Sie eröffnen neue Wege der Wahrheit und vermitteln neue Einsichten. Bin ich meinen Vorstellungen und geheimen Wünschen gefolgt? Die vergangenen Erlebnisse und Erfahrungen in den letzten zwölf Monaten halten uns gefangen. Die Verstrickungen mit Personen, von denen wir uns abhängig fühlen, können unsere Freiheit rauben und uns in ein geistiges Gefängnis einschließen. Ebenso öffnen freudige Erfahrungen neue Pforten auf unserem Lebensweg, sie lassen die Sonne in unserem Leben erstrahlen und stärken das Selbstbewusstsein.

Das Jahresende eignet sich gut, um einmal innezuhalten, zu verschnaufen, Rückschau zu halten und zu sehen, was man alles schon erreicht hat und wie man das neue Jahr angehen möchte. Eine kritische und auch heitere Rückschau birgt ungeahnte Lebensschätze für die Zukunft in sich. Äußerst wichtig dabei ist die Segnung aller Erlebnisse. Drückt diese Handlung doch Geborgenheit, Wärme, Liebe und Schutz aus. Segensworte dringen in die Seele ein.

Nun, wie segnet man denn? Kann das jeder tun? Kann ich das auch? Ja, jeder kann segnen. Früher war es sogar üblich, dass die Mutter das Brot segnete, bevor es angeschnitten wurde, oder der Vater segnete den Sohn, bevor er in die große weite Welt hinauszog.

Segnungen auszusprechen war damals üblich und gilt bis heute als Voraussetzung für ein gelingendes Leben. Es ist Zeichen der Lebensfülle und des Lebenssinns. Die heilenden und schützenden Segensworte lösen Ängste und Probleme auf oder relativieren sie. Dazu verlässt man sich ganz auf seine Intuition. »Die Schöpfung macht keine Fehler! Ich bin kein Fehler! Alle Erfahrung sind Schätze des Lebens. Es gibt eine höhere Macht, die mich lenkt und die mich schützt! Diese Macht unterstützt mich in jedem Augenblick meines Lebens. Alles, was ich erlebe, ist richtig, und was ich erlebt habe, war ebenfalls richtig.«

Solche Sätze enthalten segnende Worte, die sicher und selbstbewusst durchs Leben führen. Handelt es sich um nur schwer zu ertragende Erlebnisse, zieht man die Natur als direkte Quelle des Lebens und des Segens hinzu. Im Wald, fernab von den Wanderwegen, an einem Fluss, wo sonst niemand herumläuft, oder zu Uhrzeiten, an denen dieser Ort menschenleer ist, spürt man den geistigen Segen aus dem Universum. Für eine Segnung kann hier laut gesprochen werden. »Warum gerade ich? Was habe ich getan, dass mir etwas Derartiges passiert ist?« Hier kann man dann seinen Unmut laut herausschreien oder auch mal wütend auftreten und schimpfen. Jeder Grashalm, jeder Baum, jede Blume, jeder Stein, jede Schneeflocke und jeder Wassertropfen – sie alle sind Wesen der Schöpfung, die uns in diesem Moment umgeben, uns zuhören und segnen. Sie alle sind nicht stumm, wir können sie hören, wenn sie unseren Geist trösten. Jeder Sonnenstrahl wird uns mit Geborgenheit wärmen, jeder Wassertropfen wird unseren trockenen Mund mit Feuchtigkeit verwöhnen, und jeder Vogel wird uns mit seinem Gesang die Worte der Liebe zurufen. Die Liebe verbindet uns mit einer faszinierenden Spiritualität, die uns in den Rauhnächten mit den göttlichen Sphären des Universums vereint.

Zur Klärung der vergangenen Erlebnisse können Sie sich die folgenden Fragen laut oder innerlich stellen, die von kraftvoller Energie sind. Nehmen Sie sich Zeit dafür, suchen Sie sich einen ruhigen Ort zu Hause, in einer Kirche oder in der Natur, und wenn Sie möchten, schreiben Sie Ihre Gedanken auf. Sie können die Fragen auch aufteilen und sich in jeder Rauhnacht einer davon widmen, indem Sie sie einfach stellen und die in Ihnen auftauchenden Antworten auf sich wirken lassen:

* Welche Erlebnisse bereiteten mir die größte Freude?
* Welche Menschen haben mich besonders berührt?
* Welche Personen haben mich positiv beeinflusst und zu neuen Taten inspiriert?
* Welche Menschen haben mir am meisten geholfen und mich am meisten unterstützt?
* Welche Erfahrungen und Augenblicke vermittelten mir Stolz und Freude?
* Welche Personen und Erfahrungen sind mir im Leben wertvoll und wichtig?
* Wie haben mir Krisen geholfen, Prioritäten zu setzen?
* Was sind meine Qualitäten? Wo sitzt meine Achillesferse?
* Was waren die Gründe meiner Misserfolge?
* Welcher Abschied ist mir schwergefallen?
* Welche Fähigkeiten habe ich erlangt?
* Bin ich der Stimme meines Herzens gefolgt? Lebe ich meine Träume?

Mystische Botschaft

Mit unseren fünf Sinnen – Sehen, Hören, Riechen, Schmecken und Tasten – können wir nicht nur die materielle Welt wahrnehmen, sondern auch die geistigen Sphären erfassen. Die Sinnesorgane schließen die Pforten in Wahrnehmungsbereiche auf, die von der Naturwissenschaft seit dem Zeitalter der Aufklärung als nicht mehr existent vermittelt werden. Bis ins 18. Jahrhundert hinein war es wie gesagt üblich, die durch Forschung festgestellten Gesetzmäßigkeiten mit der mystischen Welterfahrung zu verbinden.

Um wieder in Kontakt mit der ätherischen Welt und ihren Botschaften zu gelangen, lohnt es sich, auf die kleinen Wunder in unserem Alltag zu achten. In der Regel nehmen wir das tägliche Geschehen als selbstverständlich hin und merken gar nicht, dass jede Sekunde unseres Daseins ein Wunder bedeutet. Die Bewegung unserer Beine, Finger, Augenlieder, das Atmen, Laufen, der Herzschlag – alles scheint normal und einfach so gegeben. Dass sich dahinter ein Wunderwerk der Natur verbirgt, das von keinem Wissenschaftler kopiert werden kann, darüber denken wir viel zu wenig oder gar nicht nach.

Die geheimnisvolle Zeit der mystischen Rauhnächte im zu Ende gehenden Jahr 2019 ermuntern die Menschen, wieder die Langsamkeit zu entdecken, um die Tiefe und Schönheit des Lebens zu betrachten. Ruhe, Geduld, Liebe, das rechte Maß, Kreativität und Muße vermitteln das Glück, das viele suchen, aber vor lauter Arbeit, Freizeitverpflichtungen und Ablenkung durch die Unterhaltungsindustrie nie finden. Wer hektisch durchs Leben rennt, sich mit Reizen überfluten lässt, flieht vor den mystischen Botschaften der geistigen Welt.

Wer innehält und die Stille findet, kann der Wahrheit nachspüren und entdecken, dass es keine Geheimnisse in der Natur gibt, die für uns verschleiert blieben. Wenn wir die Botschaften der geistigen Welt erkennen, die Signale unserer Ahnen und damit die Informationen über unsere Familiengeschichte wahrnehmen, erkennen wir die Wunder in unserem Leben. Wir nehmen ein Empfinden der Unbeschwertheit und Tatenfreude wahr sowie ein Gefühl der Liebe. Die Veränderungen in unserem Geist weben die Fäden unseres Schicksals neu und bringen uns der Realisierung unserer Sehnsüchte einen großen Schritt näher.

Erkenntnispfad
zur inneren Stärke

Majestätische Berge, tiefe, moosbedeckte Wälder, wilde Flüsse, glitzernde Seen, Millionen Jahre alte Steine, bunt blühende Blumen und würzig duftende Kräuter bestimmen die Energie und Atmosphäre unserer Landschaften und bilden ein Netzwerk aus Kraftorten, die die Seele streicheln. Ihr

Zauber in den Rauhnächten bleibt dem bloßen Auge nicht verborgen. Wer sich über die verschlungenen Wege der Wildnis bewegt, begibt sich auf eine Reise zum eigenen Selbst. Wir folgen einem geheimnisvollen Einweihungspfad, der in der Landschaft verborgen liegt. Jeder Naturgang birgt ein neues Geheimnis und eine neue Stufe der Erkenntnis. Die geheimnisvollen Mythen und Energien dieser magischen Orte senden Impulse, die sich zu Ideen formieren und die Antworten auf viele Fragen liefern.

Bäume atmen, oft schon seit Hunderten von Jahren. Sie stehen am gleichen Ort und saugen das Leben ein und aus. Berühren wir solche Bäume, so scheinen wir ihren Herzschlag zu spüren. Eng umschlungen mit einer Fichte atme ich im gleichen Takt mit und nehme ihren Körperduft wahr. Das würzige Harz, ihr Lebenssaft, erzählt von längst vergangenen Zeiten. Plötzlich erwachen Impulse, Gedanken und Ideen. Es tauchen Antworten zu Fragen nach meiner Familie, meinen Ahnen und meinem Schicksal auf. Mit einem Mal ergibt alles einen Sinn. Schier unlösbare Probleme, die in meiner Familienhistorie seit Jahrzehnten wie ein unsichtbarer Schleier über uns lagen, lösen sich auf. Die Stille im Wald und die von der Zivilisation weithin unberührte Reinheit der Natur wirken so stark, dass sich die Sinnesorgane des Geistes öffnen und einem bewusst wird, woher man kommt, warum man auf der Erde ist und wohin man geht, wenn das Leben vorbei ist. Unter der schützenden Geborgenheit des weisen Baums erfahre ich den Weg zur Freiheit, er bedeutet mir, frei zu werden von Beeinflussbarkeit, Eitelkeit, Ärger, Habgier, Neid und Empfindlichkeit.

Auch der Tod, der uns allen bevorsteht, verliert seinen Schrecken, wenn man die Geborgenheit in der Natur spürt, wenn man Antworten aus dem Reich der Ahnen findet. *Suche – Die Antwort wartet schon!* So lautet der Titel eines Buchs, das von dem Leben nach dem Tod spricht, der keine Illusion ist, denn unsichtbare Wesen begleiten und schützen uns auf dem Pfad des Lebens. Wenn wir sie um Rat fragen, dann werden sie uns in geeigneten Momenten Zeichen und Hinweise liefern, die das Universum für jenen bereithält, der sie finden möchte. Weshalb spüren so viele Menschen, dass es irgendwo noch eine Macht gibt, die alles lenkt und uns stets zu begleiten scheint? Ganz einfach, weil sie in jeder Zelle des Kosmos, der Erde, in jedem Baum, in jedem Stein, in jeder Quelle, in jeder Blume und in jedem Organismus, der uns umgibt, sozusagen eingraviert ist.

Mit folgenden Wahrnehmungsübungen gelingt Ihnen das Eintauchen in die Tiefen der geheimen Erkenntnispfade, die die schlummernden Kräfte des Universums hervorheben:

Die Kunst des aufmerksamen Beobachtens

❄ Wandern Sie durch die Natur, und achten Sie bewusst auf Personen, Gegenstände, Pflanzen, Geräusche und Naturerscheinungen, die Ihre Aufmerksamkeit wecken.

❄ Welche Gefühle und Gedanken steigen in Ihnen hoch? Welche Sinne werden angesprochen?

Notieren Sie Ihre Wahrnehmungen mit einem edlen Stift in ein besonderes Büchlein und verschließen Sie dieses in einer kostbaren Schatulle. So speichert Ihr Bewusstsein den einzigartigen Wert, den Sie diesen Erfahrungen entgegenbringen.

Einswerden mit Mutter Erde

❄ Laufen Sie, wenn es Ihnen möglich ist, ein paar Minuten oder kürzer (je nach Kondition) barfuß über den winterlichen Waldboden oder eine frostige Wiese.

❄ Was fühlen Ihre Fußsohlen? Welche Gedanken durchfluten Ihren Geist?

❄ Packen Sie anschließend Ihre Füße in eine warme Decke oder in ein kuscheliges Lammfell.

Anschließend wird Sie ein beglückendes Gefühl ergreifen, und eine beruhigende Stille erfasst behutsam Ihren Geist.

Die Rauhnächte
im Jahr 2020

Im Jahr 2020 beeinflusst der Mond als Hüter der Nacht die Geschicke in der Zeit der Lostage. Als direktes Verbindungsglied zwischen dem Diesseits und der astralischen Welt, des Lebensbereichs der Seele, verfügt er über die Attribute Weissagung, Zauber und Tod. Sein geheimnisvolles Antlitz wirkt sehr beruhigend auf den Geist der Rückbesinnung. Während der Rauhnächte fährt der germanische Mondgott Mani mit einem von Pferden gezogenen Wagen durch die Lüfte und zieht die Sehnsucht in seinen Bann. Er unterstützt uns in den Rauhnächten beim Reflektieren und Resümieren, wenn wir den Mantel der Zufriedenheit kritisch auf fadenscheinige Stellen hin prüfen.

Das den Göttern geweihte Metall Gold strahlt mit ganzer Kraft auf die diesjährigen magischen zwölf Tage aus. Seine Schönheit, Schwere und Seltenheit machten dieses Edelmetall seit jeher zum Symbol für göttliche Unterstützung und Erleuchtung auf den Wegen der Erkenntnis. Als Sinnbild der Sonne, Unsterblichkeit, Reinheit und Weisheit verkörpert es Tugend und Rechtschaffenheit. Golden wird auch das Zeitalter genannt, das seit der antiken Mythologie des Abendlandes für einen ursprünglichen Idealzustand der Menschheit, für ein Leben im Einklang mit allen Wesen der Erde steht. Alle lebten in Frieden und gingen der Muße nach. Arbeit war unbekannt, es herrschte vollendete Sicherheit, und die zarten Lüfte des ewigen Frühlings umwehten sanft die bunten Blumen. Die süßen Früchte der Erde nährten die Menschen und Flüsse. Milch, Nektar und Honig strömten durch die zartgrüne Landschaft. Die Rauhnächte in diesem Jahr weisen wieder nach vorn in ein zukünftiges, erneutes goldenes Zeitalter, das wir mit verantwortungsvollem und ethischem Handeln erreichen können. Amulette und Glücksbringer aus Gold vertiefen die innere Einkehr, und ein geheimnisvoller, unsterblicher, wundervoller Hauch von Unendlichkeit, Ewigkeit und Vollkommenheit durchflutet unseren Körper.

Das Symboltier der magischen Zwischenzeit des kommenden Jahres, die Ratte, befreit in der Mythologie das Licht aus der Dunkelheit, sie entdeckt die Geheimnisse in einer Zeit, die von Dämonen der Abgründe und Gefahren beherrscht wird. Ihr Drang nach Wachstum und Intelligenz war nicht umsonst das Attribut des keltischen Gottes der Unterwelt Cernunnos. Ihre Eigenschaft ermächtigt sie zur inneren Wandlung und Transformation, die Garanten für ein Zeitalter des Reichtums. Vedische Herrscher schmückten sich gern mit einer Ratte in ihrer linken Hand, die einen kostbaren Juwel aus ihrem Mund auswirft – als Zeichen des Reichtums und der Weisheit. In der Seefahrt sieht man die Ratten immer als Erste das sinkende Schiff verlassen, was eine Stärke der intuitiven Wahrnehmung signalisiert und sie als Meister der Verwirklichung glücklicher Zustände ausweist, die die kommenden Rauhnächte stark beeinflussen.

Die Wahrnehmung des »Hier und Jetzt«

Das Hier und Jetzt meint bekanntlich den gegenwärtigen Moment, es ist der Schlüssel zu einem wahrhaftigen Leben. Empfindungen von Glück, Gelassenheit und Harmonie gelingen nur im aktuellen Augenblick. Gedanken an die Vergangenheit und Zukunft lenken uns vom bewussten Leben ab. Viele hetzen im Alltag ständig von einer Sache zur nächsten, sie sind dabei geistesabwesend und nie konzentriert. Im Kopf kreisen die Gedanken laufend um die Sorgen von morgen und den Ärger von gestern – das Wichtigste verpassen sie dabei: das Jetzt. Stattdessen denken sie an den Streit mit dem Nachbarn, den bevorstehenden Besuch bei unliebsamen Verwandten oder die unerledigten Dinge im Haushalt und Büro. So entsteht das Gefühl von Stress und Überforderung. Das nagt an uns und lässt uns unzufrieden werden.

Was mache ich gerade? Wie mache ich es? Und wie fühle ich mich dabei? – Das sind Fragen, die ich mir stellen sollte, um wieder mehr die Gegenwart zu spüren. Das bewusste Erleben des Moments

soll »Entschleunigung« und Ruhe bringen, uns zu einem zufriedeneren Dasein im Hier und Jetzt verhelfen. Eine duftende Tasse Kaffee und die andächtige Beobachtung der Vögel am Futterhäuschen im schneebedeckten Garten zum Beispiel geben der Seele Raum, sich zu erholen.

Das Erwachen des geistigen Bewusstseins

Die bewusste Wahrnehmung der rauen Nächte führt uns auch dieses Mal zur inneren Stille, um mit unserem wahren Sein in Kontakt zu treten und es im kommenden Jahr auszuleben. Das neue Jahr nehmen wir als Einladung wahr, unsere Sehnsucht zu spüren, unsere Ängste als Quelle der Kraft zu verstehen, das Leid zur geistigen Reife zu nutzen, mit der Freude unseren Alltag zu feiern, mit der Schönheit die Schöpfung zu preisen und mit der Leidenschaft das Feuer in uns zu entfachen. Die Stille zwischen den Jahren gibt uns Würde, sie vermittelt Freiheit und verbindet uns mit Spiritualität und der Quelle des Lebens.

Folgende Fragen sind für ein bewusstes Erwachen meiner innewohnenden Ziele wichtig und verbinden mich mit dem unendlich weiten Kosmos der Möglichkeiten:

* Was möchte ich erleben?
* Was möchte ich beruflich und privat erreichen oder ändern?
* Welche Reisen möchte ich unternehmen, welche Orte möchte ich aufsuchen?
* Was habe ich schon länger aufgeschoben?
* Wem oder welchen Dingen möchte ich mehr Zeit widmen und warum?
* Welche Fehler möchte ich vermeiden?
* In welchen Bereichen folge ich nicht meinen Werten und Überzeugungen?

❄ Wovon oder von wem möchte ich mich verabschieden?

❄ Was möchte ich mir Gutes tun?

❄ Wo fehlt die Leichtigkeit, die so wichtig für ein glückliches Leben ist?

❄ Was sind meine größten Wünsche für das kommende Jahr?

❄ Wo und bei wem kann ich nicht Nein sagen?

❄ Was sind meine Grenzen? Wem und wie setze ich Grenzen?

❄ Was würde ich tun, wenn ich keine Angst hätte?

Besonders in diesen magischen Rauhnächten können Mantras unsere Gedanken stabilisieren und eine bewusstseinsverändernde Wirkung annehmen. Sie sind eine ureigene Medizin, die jeder in sich trägt. Es handelt sich um gesprochene oder gedachte Sätze und Lebensweisheiten, die unsere Seele heilen. Mantras verändern unser Leben. Sie wirken sich aus auf unsere Lebensqualität und bestimmen unsere Wirklichkeit. Sie nehmen Einfluss auf unser Schicksal und unsere Gefühle und damit auf empfundenes Glück oder Unglück im Alltag. Kurze Sätze, die ich stetig wiederhole, helfen mir bei der Erfüllung meiner Wünsche, Vorstellungen und Träume. »Ich tue es jetzt«, »Ich bewerbe mich als …«, »Ich reise nach …«, »Ich bin gesund«, »Ich bin stark«, »Alles ist gut«, »Ich nehme es an, wie es ist«, »Ich lebe im Hier und Jetzt«, »Ruhig einatmen, ruhig ausatmen«, »Ich schaffe das«, »Ich bin schön«, »Ich kann das«, »Ich bin frei«, »Ihr könnt mir gar nichts«, »Ich bin gelassen«, »Wir sind ein Team«, »Das Universum schützt mich« – all diese Mantras unterstützen unsere Hoffnungen, unser Vertrauen, unser Selbstbewusstsein und helfen, die heilende Kraft der inneren Stimme zu vernehmen.

Seit Jahrtausenden bedienen sich Menschen, besonders die naturverbundenen Völker, des Rezitierens dieser kurzen, doch sehr wirkungsvollen Sprüche, weil sie erfahren, wie gut sie den Menschen weiterbringen und ihn auf dem Weg zum Glück unterstützen. Entwickeln Sie selbst Ihre Mantras, schaffen Sie kurze Sätze, die auf Ihre Ziele zugeschnitten sind. Lassen Sie sich von Ihrer Intuition leiten und übernehmen Sie nicht unkritisch vorformulierte Sprüche, wenn Sie keine Einheit und Verbundenheit mit ihnen spüren.

Das Jahr 2020 hält neue Inspirationen für uns bereit. Es bringt uns dem Lebensgefühl »Ich bin, was ich bin« näher. Meditationen sind dazu richtungsweisende Übungen in der Stille, während des Gangs durch die Natur oder (in den wärmeren Jahreszeiten) des Sitzens auf einer Wiese zwischen blühenden Blumen, auf dem harzig duftenden Waldboden oder zu Hause umgeben von Kerzenlicht auf einem Kissen, einer Decke, einem Tierfell oder in der Badewanne. Meditieren unterstützt die Gesundheit des Körpers und streichelt unsere Seele. Wir gleiten in einen Zustand der Ruhe und Harmonie, der uns die Tore zur inneren Tiefe aufschließt und mit dem Hauch des inneren Friedens berührt.

Meditieren ist im Grunde ganz einfach: Wir richten die Aufmerksamkeit auf den Atem. Dabei beobachten wir alles, was geschieht, ohne es zu bewerten. Also etwa aufsteigende Gefühle oder sich aufdrängende Gedanken. Damit erreichen wir einen Zustand der Erkenntnis, Klarheit, Stärke und Freiheit. Der Geist kommt zur Ruhe und wird leer. Die Beobachtung des rhythmischen Ein- und Ausatmens beruhigt jede einzelne Zelle unseres Körpers und verändert unser Denken und Fühlen jetzt und in der Zukunft. Lassen Sie sich von folgenden Texten inspirieren, sitzen Sie wenige Minuten still, schließen Sie die Augen, und lauschen Sie den lange verstummten Saiten, die jetzt wieder in Ihnen zum Klingen gebracht werden.

Jeden Tag segnen

❉ Gesegnet ist mein heutiger Tag, was auch immer ich erlebt habe.

❉ Der Geist der Schöpfung segnet alle meine Handlungen.

❉ Mein Leben gelingt, wenn ich es segne.

❉ Ich segne meine Irrtümer und Fehler, die nur Herausforderungen sind, um den Sinn meines Lebens zu entdecken.

Durch das Leben tanzen

❉ Ich höre die lustigen Vögel unter blauem Himmel singen.

❉ Ich rieche ein Meer von Wohlgerüchen, das sich in jeder anmutigen Pflanze offenbart.

❉ Ich fühle das weiche Fell der sanften Schafe auf der schneebedeckten Wiese.

❉ Ich sehe die heiteren Menschen auf den Wegen fröhlich schwatzen und lachen.

❉ Die leidenschaftliche Lust des Lebens durchströmt meinen Körper.

Rituale geben mir Kraft

❄ Die leuchtende Kerze wärmt mich.

❄ Die Tasse Kaffee schmeckt nach Leben.

❄ Das Bad in der Wanne verleiht meinen Träumen Flügel.

❄ Bezaubernde Streifzüge durch die beseelte Natur atmen die Freiheit.

❄ Das tägliche Gespräch mit Menschen, die meinen Weg kreuzen, vermittelt Geborgenheit.

❄ Ich gebe mich der Muße hin, lasse mich führen und spüre: »Ich bin.«

Bleiben Sie nach diesen Übungen noch einen Moment still sitzen, atmen Sie tief durch und lauschen Sie Ihrem Atem. Dann öffnen Sie langsam die Augen und beginnen, behutsam Ihre Finger zu bewegen, dann die Fußzehen, die Füße und Hände. Fangen Sie an, sich zu räkeln und zu strecken, und kehren Sie langsam in Ihren Alltag zurück.

Die Rauhnächte
im Jahr 2021

Von allen Himmelskörpern des Universums strahlt Saturn in den Rauhnächten des Jahres 2021 am stärksten seine kosmische Energie auf die Erde aus. Er gilt als Planet des Schicksals, der auf die Richtung in unserem Leben starken Einfluss zeigt, und zwar ganz besonders in den geheimnisvollen Nächten. Er fördert Selbsterkenntnis, Maß, Ordnung und Disziplin: signifikante Erfolgsfaktoren für die geistigen Transformationsprozesse in diesem Jahr. Er hütet die Schwelle zur Anderswelt – zur Welt des Unsichtbaren, der Geister, Götter, Dämonen und Ahnen –, die den Menschen stets zur Seite steht, wenn sie gerufen wird. Auf ihn geht die Kunst des Ackerbaus zurück, die er den Ureinwohnern Europas ebenso vermittelt hat wie alle Bauernweisheiten, die auch heute noch beliebt sind, wenn es darum geht, frühzeitig das Wetter zu deuten.

In der Mythologie des klassischen Altertums symbolisiert Saturn nicht nur den Gott der Zeit, der über alle Alterungsprozesse herrscht, sondern auch den Gott des geistigen Wandels, der die Transformation des Bewusstseins, die Initiation und den Tod begleitet. Saturn herrschte nach dem weisen römischen Dichter Ovid (circa 43 v. Chr. bis 17 n. Chr.) als König im glücklichsten aller Weltalter, dem goldenen Zeitalter. Ihm zu Ehren feierten die alten Römer zur Wintersonnenwende die Saturnalien, Festtage voller Lebensfreude, die bis in den Januar hineinreichten. Als Vorläufer der heutigen Rauhnächte wurde in dieser Zeit orakelt, und man brachte Opfer für das neu aufgehende Licht im Saturntempel zu Rom.

2021 ist das Jahr des Metallbüffels (gleichbedeutend mit Stier), dessen überbordende, kosmische Lebenskraft in den diesjährigen Rauhnächten besonders starken Einfluss auf die Geschehnisse nimmt. So fördert er in dieser Zeit geistiges Wachstum, Intuition und göttliche Inspiration.

Er ermutigt zur Transzendenz, zur Überschreitung der Grenzen des Diesseits in neue geistige Räume, in die Anderswelt. Seine Hörner symbolisieren schöpferische Macht, unwiderstehliche Wildheit in Form von Ursprünglichkeit, ein Erkenntnismittel für höhere Bewusstseinsebenen und Unbezwingbarkeit, wichtige Eigenschaften, um die Geheimnisse der uns innewohnenden Seele zu erfahren. Als Schwellentier spricht und weissagt er in alten Sagen besonders in der magischen Weihnachtsnacht und teilt seine Botschaft dem interessierten und achtsamen Zuhörer in seinem Stall oder im nächtlichen Traum mit. Er gilt als Hüter der geheimen Zugänge zu unserem innersten Kern, wo der Sinn des Lebens, der Schatz unserer schöpferischen Ressourcen verborgen liegt. Diesen zu bergen, ist ein wichtiges Ziel in den Rauhnächten.

Neben Gold spielt in den Rauhnächten 2021 das weiß glänzende Edelmetall Silber eine tragende Rolle. So öffnet es den Blick in die Tiefen des Unterbewusstseins und fördert in hellen Mondnächten den Schlaf mit seinen zukunftsweisenden Träumen. Des Weiteren hilft es bei dem alchemistischen Wandel eines Menschen zu einem edlen und tugendhaften Charakter und führt zu dem kostbaren Schatz der Lebenskraft. Um den Zugang zu höheren Ebenen des Bewusstseins (Sphären, in denen alle Beschränkungen von Raum und Zeit aufgehoben sind) zu erleichtern, wird seit Jahrtausenden wertvoller Silberschmuck als Schutzamulett getragen, das vor dem bösen Blick und unheilvollen Kräften bewahren soll, die nichts unversucht lassen, um sich den rauhnächtlichen erkenntnisreichen Zielen entgegenzustellen. Wer dieses magische Metall in den zwölf geheimnisvollen Nächten bei sich trägt, soll solche übelmeinenden Energien überwinden und seine verborgenen übersinnlichen Fähigkeiten wie Telepathie, Hellsichtigkeit, Vorahnungen und Déjà-vu-Erlebnisse wahrnehmen und stärken können.

Alchemie – Das Tor in eine magische Welt

Wenn man sich mit den Rauhnächten befasst, kommt man an dem magischen Begriff »Alchemie« nicht vorbei. Diese Bezeichnung wurde im alten Ägypten und antiken Griechenland geschaffen und geht zurück auf eine Sammlung von Texten, in denen die gesamte Weisheit der Welt enthalten sein soll. Der Terminus stand im Mittelalter für den Traum, Blei in Gold und Silber zu verwandeln und so unendlichen materiellen Reichtum zu garantieren. Viele Alchemisten sahen allerdings den Hauptgrund ihrer Forschung in der Verwandlung eines unvollkommenen Geistes hin zu einem höheren Bewusstsein, um so das Glück der Menschen zu vermehren.

Für die praktische Umsetzung dieser spirituellen Alchemie nahm man Destillationsapparaturen zu Hilfe, um wertvolle Substanzen wie Duftstoffe aus Pflanzen zu extrahieren und für geistige Wandlungsprozesse bei Meditationen und Träumen einzusetzen. Solche Elixiere können sowohl in Speisen und Getränken verarbeitet werden als auch zum Beduften von Räumen und Bettwäsche herangezogen werden – oder als Parfüm Verwendung finden, um den Körper mit einem sehr sinnlichen Wohlgeruch einzuhüllen.

Im Folgenden wird zum Beispiel die Herstellung des Pflanzenwassers (Hydrolats) aus der Fichte vorgestellt, das den verborgenen Zugang zu unseren inneren Welten öffnen soll:

Untersetzer aus Metall
Kochtopf mit Deckel
Dämpfsieb
Schälchen aus Keramik zum Auffangen der kondensierten Tropfen
3 Handvoll Fichtenzweige
Circa 1 TL Fichtenharz
1 l stilles Mineral- oder Quellwasser
Eiswürfel
Desinfizierte dunkle 150-ml-Medizinflasche mit Zerstäuber

Den Untersetzer in den Topf legen, das Dämpfsieb daraufstellen, das Schälchen in der Mitte des Siebs platzieren und die zerkleinerten Fichtenzweige und das Fichtenharz um das Schälchen verteilen. Wasser in den Topf füllen, sodass der Boden bedeckt ist und das Sieb nicht im Wasser steht. Den Topf auf den Herd stellen, den Deckel umgekehrt daraufsetzen und das Wasser zum Kochen bringen. Dann den Herd auf mittlere Stufe zurückschalten. Die Eiswürfel in den Deckel legen. Die Kühlung führt zur Kondensation des Wasserdampfs am kalten Deckel. Das Schmelzwasser immer wieder mit einem Handtuch aufsaugen und frische Eiswürfel nachlegen. Das Kondenswasser läuft zur Mitte des Topfdeckels und tropft in das Schälchen. Dieses destillierte Pflanzenwasser in die Flaschen füllen und im Kühlschrank lagern. Gekühlt hält es sich maximal sechs Wochen.

Tipp: Wer häufiger Pflanzenwässer selbst herstellen möchte, destilliert besser mit einer Kleindestille, die noch intensiver die magischen Substanzen aus den Pflanzenteilen herauszieht. In Deutschland sind Destillen mit Brennkesseln bis zu zwei Liter für den Hobbybereich zugelassen.

Alchemistische Affirmationen

Neben Pflanzenwasser zur Förderung der geistigen Transformation spielen alchemistische Affirmationen bei geistigen Wandlungsprozessen eine bedeutende Rolle. Dabei handelt es sich um Worte der Kraft, die in unser Unterbewusstsein einsinken, es veredeln und zum Weg der Wahrhaftigkeit, der Übereinstimmung von Überzeugung und Ausdruck führen.

Es sind Bekräftigungen und Bestätigungen, die besonders intensiv wirken, wenn sie an einem Ort der Stille gesprochen oder gedacht werden, beispielsweise während eines einsamen Spaziergangs im Wald, in den Bergen, am Strand oder am Ufer eines Flusses. Ebenso effektiv wirken sie zu Hause kurz vor dem Einschlafen, wenn man sich in einem Dämmerzustand zwischen der bewusst wahrgenommenen Welt und der Traumwelt befindet, ein Zustand, in dem sich die Seele vorbereitet, den Körper für die Zeit des Schlafs zu verlassen, um durch die unendlichen Weiten des Universums zu schweben und gleichzeitig die Vergangenheit, Gegenwart und Zukunft anzuschauen. In solchen Momenten werden die Überzeugungen, Gedanken und Worte der Menschen in die unsichtbare Welt, in die Anderswelt, hinausgetragen, und das Schicksal wird geformt.

»Das, was du heute denkst, wirst du morgen sein«, sprach Buddha, und der erfolgreiche römische Kaiser Marc Aurel verkündete seine Lebenserfahrung mit der Sentenz: »Das Glück deines Lebens hängt von der Beschaffenheit deiner Gedanken ab.« Weise Worte, denen in Zeiten der offenen Zugänge zur geistigen Welt besonders viel Aufmerksamkeit geschenkt werden sollte.

Welche Affirmationen sind die besten? Nun, jeder hat andere Ziele und Sehnsüchte, deshalb lohnt es sich, in sich hineinzuhören. Welche Überzeugungssätze fühlen sich gut an, lassen keinen Widerstand spüren und bereiten Freude? Einfach ausprobieren. Schon nach kurzer Zeit verfügt man über eine Fülle von Sätzen, die in die faszinierende Welt der eigenen Möglichkeiten führen.

Nachfolgend eine kleine Auswahl von Affirmationen, die dem Lebensweg eine neue und erfüllende Richtung geben können:

- ❆ Ich bin gut.
- ❆ Ich bin stark.
- ❆ Ich bin fair.
- ❆ Was ich bin, ist nur natürlich.
- ❆ Ich bin frei.
- ❆ Ich bin gesund.
- ❆ Ich bin nur für mein Verhalten verantwortlich.
- ❆ Ich bin reich an Chancen.
- ❆ Ich bin Schöpfer meines Lebens.
- ❆ Ich erfülle meine Bedürfnisse.
- ❆ Ich lebe meine Talente.
- ❆ Ich folge der Stimme meines Herzens.
- ❆ Ich akzeptiere mich so, wie ich bin.
- ❆ Ich liebe das Leben.
- ❆ Ich bin achtsam mit mir.
- ❆ Ich übernehme die Verantwortung für mein Leben.
- ❆ Ich atme mein Leben.
- ❆ Ich bin in der Obhut des Universums.
- ❆ Ich verbinde mich mit der Natur, den Bergen und den Flüssen.
- ❆ Ich lebe in Frieden.

- ❄ Ich bin wahrhaftig.
- ❄ Ich verstecke mich nicht.
- ❄ Ich bin, was ich bin.

Diese zielgerichteten Worte an das Universum erschaffen eine neue Wirklichkeit und verstärken die Lebensziele. Mit stetiger Wiederholung dringen diese Gedanken tief in unser Unterbewusstsein ein und verändern unsere gesamte Grundeinstellung. Neue überwältigende Erfahrungen und spannende Lebensabenteuer werden dadurch angezogen und wecken unsere innewohnende, grenzenlose Schöpferkraft, die das Lebensglück vollendet.

Träume – Nachrichten aus dem Universum

Es heißt, was man in den zwölf Rauhnächten um die Jahreswende träume, das weise hin auf Ereignisse in den zwölf Monaten des neuen Jahres. Viele Menschen berichten von Erlebnissen, die sie in ihren Träumen zu dieser Zeit durchlebten und anschließend in ihrem wirklichen Leben erfuhren. Woher kommen diese Informationen und Nachrichten? Kann man Träume beeinflussen?

Träume sind Botschaften aus dem Universum, das alles entdeckte und noch nicht erforschte Wissen speichert und die Unerschöpflichkeit an Möglichkeiten und Ressourcen für den Suchenden bereithält.

Die Kraft unserer Träume liegt darin, unsere Bestimmung zu finden. Jede Nacht, wenn wir die Augen schließen, tauchen wir in die geheimnisvolle Welt der Träume ein. In diesen magischen Momenten durchdringen wir das Universum, in dem alle unsere Träume, Wünsche und verborgenen Sehnsüchte gespeichert sind. Im Schlaf werden die Grenzen zwischen der sichtbaren und der unsichtbaren Welt aufgelöst. Träume senden Impulse, um über sich selbst hinauszuwachsen, Neues zu wagen, seine Bestimmung zu erkennen, sie zu finden und ihr zu folgen. Der Traum ist das Reich, in dem heute schon sichtbar ist, was morgen geschieht. Träume aktivieren verborgene Fähigkeiten und Möglichkeiten. Sie verbinden uns mit Quellen der Kraft, die Hoffnung und Vertrauen schenken.

Nach dem morgendlichen Aufwachen denken wir oft noch wenige Sekunden an die erlebten Träume und vergessen sie danach sofort, weil der Alltag ruft und uns von den Traumwelten ablenkt. Um diesem Vergessen entgegenzuwirken, erweist sich ein Traumtagebuch als besonders ratsam. Hierin werden alle nächtlichen Traumabenteuer festgehalten, die sich mit der Zeit zu unschätzbar kostbaren Nachrichten aus dem Universum formieren und das Leben in völlig neue Bahnen lenken können.

Sucht man ganz bewusst nach Antworten auf das eigene Leben, können Träume als deren Transportwege aus dem Universum hin zu unseren Gedanken genutzt werden. Mithilfe von Traumbestellungen an das Universum kann man Träume sogar erbeten. Erfahrungsgemäß werden Wünsche ans Universum erfüllt, wenn man darauf vertraut und keine Zweifel daran hegt. Dazu muss man einfach vor dem Einschlafen an Ziele und Wünsche denken, die man erreichen möchte, und dabei einschlafen. Im folgenden Traum oder einige Nächte später wird man Traumerlebnisse erfahren, die den Weg zu deren Erfüllung ebnen.

Unterstützen kann man Traumbestellungen durch Traumbecher. Dazu stellt man sich jeden Abend vor dem Zubettgehen einen dem eigenen Empfinden schmeichelnden, besonderen Becher mit Quellwasser oder Kräutertee als Gute-Nacht-Getränk auf den Nachttisch. Dieser Behälter symbolisiert zusammen mit seinem Inhalt die Traumbilder der kommenden Nacht, die man mit jedem Schluck zu sich nimmt. Es ist eine bewusste Art zu sagen: »Ich möchte in meinen Träumen Wege zu meinen sichtbaren und verborgenen Wünschen sehen und Antworten auf ungelöste, brennende Fragen erhalten.«

Seit Jahrtausenden tragen Menschen in den Rauhnächten wundertätige Amulette an Kleidung, Halskette, Gürtel, Geldbeutel oder Rocksaum, um übelwollende negative Energien abzuwehren und um positive Kräfte und Impulse anzuziehen. Sie dienen als Zaubergegenstände, mit deren Hilfe Lebenswege positiv beeinflusst werden können. Im Traum helfen sie, Bilder zu sehen, die Antworten auf Fragen liefern, die immer noch in den Tiefen der Seele versunken sind. Als Amulette eignen sich kleine Lehmfiguren, Steinperlen, Stoff- oder Lederbeutel mit Kräutern, Tierzähne, Muscheln, Anhänger aus Gold, Silber, Kupfer, Holz und vielen anderen Materialien, von denen man sich angezogen fühlt.

Das Tragen von Amuletten geht auf die Vorstellung zurück, dass Dinge, die von Naturkräften geformt sind, übernatürliche, magische Kräfte abstrahlen. Wer während des nächtlichen Träumens in den Rauhnächten ein Amulett trägt oder unters Kopfkissen legt, wird überrascht sein, welch schicksalhaften Nachrichten aus dem Universum auftauchen!

Nachwort

Die Rauhnächte bereiten auf eine magische Art und Weise mit ihrem Zauber, ihren magischen Ritualen und tiefen Erkenntnissen das neu anbrechende Jahr vor. Es ist die Zeit der Wiederkehr der unsichtbaren Welt, der Anderswelt, in der Ahnen, Zwerge, Elfen und Feen die Nähe der Menschen suchen. Wotan, der germanische Schamanengott, und Holle, die Göttin über Leben und Tod, jagen durch den nächtlichen Sternenhimmel und verbinden die Menschen mit den tief verborgenen Kräften in ihrem inneren Kern. Die kosmischen Geheimnisse des unendlichen Universums offenbaren sich. Beschwörende Räucherungen klären den Geist und bilden eine Quelle der Inspiration und seelischen Ruhe. Für unsere heidnischen Vorfahren, für die weisen Frauen und Schamanen waren sie ein Schlüssel zum Tor in die unsichtbare Anderswelt. Sie konnten damit das Totenreich besuchen, die Göttersphären oder auch die Welt der Naturgeister, die in den Nächten zwischen den Jahren ihre Zugangstore für alle Menschen weit geöffnet halten.

In diesen mystischen Zeiten wird das Schicksal in den nächtlichen Träumen sichtbar und kann immer wieder neu verhandelt werden. Die Keime für das kommende Jahr werden gelegt, und das Sprichwort »Jeder ist seines Glückes Schmied« wird in keiner anderen Zeit so offenbar. Die schöpferische Gestaltung des Schicksals war unseren Ahnen viel bewusster als uns heute. In der vorindustrialisierten Welt lebten die Menschen in Einheit mit der Natur, den Tieren und Naturgewalten. Sie spürten die Seele allen Seins und hatten Kontakt mit dem Erdengeist, der Gesamtheit aller geistigen Wesenheiten. Diese zeigten ihnen die Geheimnisse der Welt, wie man sich aus seinem Inneren heraus entfalten, seine Erkenntniskräfte entwickeln und nutzen kann, um in einer freien, selbst gestalteten Welt des Wahren, Guten und Schönen zu leben.

Die Großartigkeit der göttlichen Schöpfung zu spüren, das Geheimnis unseres Daseins wahrzunehmen und zu erkennen, ist das Ziel der zwölf Zaubernächte um den Jahreswechsel. Auf der Suche nach dem Sinn hinter den Dingen kommt der Mensch nicht an der Einbeziehung des Übersinnlichen vorbei. Ein Umstand, der vor dem Zeitalter der Aufklärung bis ins 17. Jahrhundert ganz natürlich war und dafür sorgte, dass die Berücksichtigung der Mystik in die Wissenschaft zu fantastischen Erkenntnissen führte und auch viele spätere Wissenschaftler, wie beispielsweise Albert Hofmann, überzeugte, dass sich Wissenschaft, mystische Welterfahrung und Magie ergänzen.

Die zwölf magischen Nächte gehen wie gesagt auf heidnische Festtage zurück, an denen die Wiederkehr der Sonne zelebriert wurde. Die heilige Zeit oder auch das »Lichterfest« stand für die Wiedergeburt des feurigen Himmelskörpers und wurde schon Tausende Jahre vor Christi Geburt in der Periode vom 21. bis 25. Dezember – nach heutiger Zeitrechnung – begonnen und bis in den Januar hinein ausgelassen und üppig gefeiert. Jesu Geburt hängt also kalendarisch mit einem Sonnenfest zusammen. Das Christentum bestimmte den 25. Dezember, der in vielen Kulturen zum Geburtstag der Sonne erkoren wurde, auch zu seinem Geburtstag, obwohl laut verschiedener wissenschaftlicher Schriften Jesus tatsächlich im Frühling geboren worden sein soll.

Der Dreikönigstag beschließt mit dem letzten Glockenschlag um Mitternacht die zwölf geheimnisvollen Nächte zwischen den Jahren. Die

Zeit der tiefen inneren Einkehr ist zu Ende, und neue Abenteuer im unendlichen Reich der Schöpfung stehen bevor. An diesem Tag erkennt man schon deutlich den Sieg der Sonne über die Finsternis. Die Tage bleiben sichtbar länger hell, neue Hoffnung auf zukünftiges fröhliches Treiben unter blauem, sonnigen Himmel keimt auf, und die Lebensfreude nimmt spürbar zu. Die tief durchdringende Wärme der sanft streichelnden Sonnenstrahlen aus den kosmischen Sphären lassen die Seele tanzen. Sie speichern das Geheimnis der Rauhnächte, das die Menschen mit dem Universum und dem Wunder allen Seins verbindet.

Dank

Ich möchte an dieser Stelle allen danken, die mich bei der Verwirklichung meines Buchprojekts unterstützt haben, insbesondere Elena Grunwald vom mvg Verlag, die mich zu diesem Buch ermuntert und mit Geduld und organisatorischem Geschick begleitet hat.

Über die Autorin

Geboren und aufgewachsen in einem Dorf in Hessen kam Caroline Deiß schon früh mit der Natur, dem ländlichen Brauchtum und dem Zauber der Rauhnächte in Berührung. Als passionierte Wildpflanzenkennerin gibt sie in ihrer Wahlheimat am Starnberger See in zahlreichen Führungen, Kochkursen und Seminaren ihr Wissen über die Magie der Wildkräuter weiter. Fasziniert von der Kraft des Räucherns und dem Geheimnis der Rauhnächte vermittelt sie ihre umfassenden Kenntnisse darüber in vielen Kursen und Vortragsreihen.

Privat beschäftigt sich die Autorin mit der Entdeckung von mystischen Kraftorten, dem Geheimnis des Räucherns orientalischer und keltischer Pflanzen und Wanderungen in den bayerischen Bergen.

Literatur

Arbeitskreis Deutsche Mythologie: *Das Erbe der Ahnen. Germanische Feste und Bräuche im Jahresring,* Orion-Heimreiter-Verlag, Kiel 2010

Becker-Huberti, Manfred: *Lexikon der Bräuche und Feste. Über 3000 Stichwörter mit Infos, Tipps und Hintergründen für das ganze Jahr,* Herder, Freiburg 2000

Blanchard, Elise: *Karawanen des Orients. Unterwegs auf legendären Handelsrouten,* Frederking & Thaler, München 2008

Derungs, Kurt: *Die Seele der Alpen. Magische Rituale mit der Kraft von Sonne, Stein und Wasser,* Kailash, München 2015

Eckartshausen, Carl von: *Mystische Nächte,* Edition Geheimes Wissen, Graz 2008

Fischer-Rizzi, Susanne und Rovesti, Paolo: *Auf der Suche nach den verlorenen Düften. Eine aromatische Kulturgeschichte,* Hugendubel, München 1995

Francia, Luisa: *Der magische Alltag. Rituale und Zauberrezepte,* Nymphenburger, München 2012

Golowin, Sergius: *Paracelsus – Mediziner, Heiler, Philosoph,* Goldmann, München 1993

Golther, Wolfgang: *Germanische Mythologie,* Marix, Wiesbaden, 4. Aufl. 2011

Grün, Anselm: *Was soll ich tun? Antworten auf Fragen, die das Leben stellt,* Herder, Freiburg 2008

–, *Du bist ein Segen,* dtv, München 2008

–, *Vertrauen. Spüre deine Lebenskraft*, Herder, Freiburg 2008

Haich, Elisabeth: *Einweihung*, Aquamarin, Grafing, 2. Aufl. 2007

Hamdorf, Friedrich Wilhelm: *Dionysos, Bacchus. Kult und Wandlungen des Weingottes*, Callwey, München 1986

Hofmann, Albert: *Naturwissenschaft & mystische Welterfahrung*, Werner Pieper & die Grüne Kraft, Birkenau-Löhrbach 2006

Jakoby, Bernhard: *Das Leben danach. Was mit uns geschieht, wenn wir sterben*, Rowohlt, Reinbek, 4. Aufl. 2006

Kieser, Günter: *Wörterbuch der Märchen-Symbolik*, Param, Ahlerstedt, 2. Aufl. 2014

Kremp, Dieter: *Ein kunterbunter Streifzug durch den Jahreskreis. Schätzkästlein nützlicher Weisheiten von Januar bis Dezember*, Engelsdorfer, Leipzig 2016

Lindenau, Tim von: *Die andere Seite des Waldes*, Neue Erde, Saarbrücken 2008

Marmorstein, Ronny: *Suche – Die Antwort wartet schon!*, Agilus, Germering 2007

Metzner, Ralph: *Der Brunnen der Erinnerung. Von den mythologischen Wurzeln unserer Kultur*, Aurum, Braunschweig 1994

Meyer, Rudolf: *Die Weisheit der deutschen Volksmärchen*, Urachhaus, Stuttgart, 7. Aufl. 1976

Muffler-Röhrl, Michaela: *Bauernkalender für jeden Tag 2019. Leben im Einklang mit der Natur*, Südwest, München 2018

Nidiaye, Safi: *Meditationen für den Abend*, Knaur, München 2006

–, *Die Stimme des Herzens. Der Weg zum größten aller Geheimnisse*, Lübbe, Bergisch Gladbach, 8. Aufl. 2008

Nietzsche, Friedrich: *Mit Nietzsche die Langsamkeit entdecken*, Herder, Freiburg 2006

Ohloff, Günther: *Irdische Düfte – Himmlische Lust. Eine Kulturgeschichte der Duftstoffe*, Insel, Frankfurt 1996

Pinkola Estés, Clarissa: *Die Wolfsfrau. Die Kraft der weiblichen Urinstinkte*, Heyne, München 1997

Pogacnik, Marko: *Elementarwesen. Begegnungen mit der Erdseele*, AT, Baden und München, 2. Aufl. 2009

Probst, Josef: *Rauhnächte im Bayerischen Wald. Mythen, Orakel, Sagen und Brauchtum*, Ohetaler, Grafenau 2016

Rätsch, Christian: *Abgründige Weihnachten. Die wahre Geschichte eines ganz und gar unheiligen Festes*, Riemann, München 2014

–, *Der heilige Hain. Germanische Zauberpflanzen, heilige Bäume und schamanische Rituale*, AT, Aarau und München 2005

–, *Räucherstoffe. Der Atem des Drachen*, AT, Aarau und München, 4. Aufl. 2006

–, *Walpurgisnacht. Von fliegenden Hexen und ekstatischen Tänzen*, AT, Baden und München 2007

Rätsch, Christian und Müller-Ebeling, Claudia: *Weihnachtsbaum und Blütenwunder. Geheimnisse, Herkunft und Gebrauch traditioneller Weihnachtspflanzen. Rezepte – Rituale – Räucherungen*, AT, Aarau und München, 2. Aufl. 2008

Schweiggert, Alfons: *Winter- und Weihnachtsgeister in Bayern*, Druckerei und Verlagsanstalt »Bayerland«, Dachau 1996

Seligmann, Siegfried: *Die magischen Heil- und Schutzmittel aus der belebten Natur. Das Tierreich*, Dietrich Reimer, Berlin 1999

Stäubli, Hans-Bechtold: *Handwörterbuch des deutschen Aberglaubens*, Weltbild, Augsburg 2008

Storl, Wolf-Dieter: *Die Pflanzen der Kelten. Heilkunde – Pflanzenzauber – Baumkalender*, MensSana, München 2010

–, *Die alte Göttin und ihre Pflanzen. Wie wir durch Märchen zu unserer Urspiritualität finden*, Kailash, München 2014

Tolle, Eckhart: *Jetzt! Die Kraft der Gegenwart. Ein Leitfaden zum spirituellen Erwachen*, Kamphausen, Bielefeld, 19. Aufl. 2008

Urban, Albert: *Lexikon der Heiligen und Namenstage*, Herder, Freiburg, 2. Aufl. 2014

Werber, Bruce: *Mantras. Die heilende Kraft der Stimme*, Hugendubel, Kreuzlingen/München 2008

Zerling, Clemens: *Lexikon der Tiersymbolik. Mythologie, Religion, Psychologie*, Drachen, Klein Jasedow, völlig überarb. u. erw. Neuausgabe 2012

Bildnachweis

Caroline Deiß : S. 30, 74, 121, 124, 126, 128, 130, 132, 134, 138, 142, 148, 150, 152, 155, 157, 158, 161, 171, 200

S. 9: Shutterstock/Skreidzeleu

S. 12 Shutterstock/Matushchak Anton

S. 14 Shutterstock/Yurina_Photo

S. 16 Shutterstock/swqaz

S. 23 Shutterstock/sunun

S. 27 Shutterstock/Anton Reznikov

S. 37 Shutterstock/Verushka

S. 38 Shutterstock/vandame

S. 42 Shutterstock/Onkamon

S. 47 Shutterstock/Angyalosi Beata

S. 58 Shutterstock/David Kalosson

S. 63 Shutterstock/vvvita

S. 66 Shutterstock/Dominik Michalek

S. 69 Shutterstock/vvvita

S. 80 Shutterstock/mycteria

S. 83 Shutterstock/Fotografiecor.nl

S. 87 Shutterstock/Steven R Smith

S. 92 Shutterstock/Lolostock

S. 103 Shutterstock/Nigmatulina Aleksandra

S. 105 Shutterstock/Pressmaster

S. 110 Shutterstock/Majorova Oksana

S. 112 Shutterstock/Bildagentur Zoonar GmbH

S. 114 Shutterstock/LaineN

S. 116 Shutterstock/nnattalli

S. 119 Shutterstock/ andrea lehmkuhl

S. 136 Shutterstock/hanec015

S. 140 Shutterstock/Melica

S. 145 Shutterstock/JacZia

S. 160 Shutterstock/Jesse Seniunas

S. 163 Shutterstock/Igor Borodin

S. 169 Shutterstock/Kuznetsova Elizaveta

S. 175 Shutterstock/iravgustin

S. 187 Shutterstock/CCat82

S. 185 Shutterstock/Julia Shepeleva

S. 195 Shutterstock/teimy_photos

S. 198 Shutterstock/EeaK

224 Seiten
14,99 € (D) | 15,50 € (A)
ISBN 978-3-86882-820-7

Marie Tourell Søderberg

Hygge

Das große Glück liegt in
den kleinen Dingen

HYGGE, das ist die dänische Formel zum Glück. Das Wort hat viele Bedeutungen: Gemütlichkeit, Wärme, Geselligkeit, Zufriedenheit. Doch was genau macht dieses Glück aus? Und funktioniert das Geheimrezept der Dänen auch bei uns? Ja, denn egal wann und wo, Hygge gibt uns das Gefühl, angekommen zu sein.

Während andere Bücher von diesem Phänomen nur erzählen, zeigt die gebürtige Dänin Marie Tourell Søderberg, wie auch Sie Hygge zu einem wundervollen Bestandteil Ihres Lebens machen können. Dafür hat die dänische Schauspielerin die besten Tipps ihrer Landsleute gesammelt und die Momente eingefangen, die Hygge ausmachen: im Winter in Decken gehüllt vor dem Kamin zu liegen, im Frühling den ersten Kaffee in der Sonne zu genießen und dabei die Kirschbäume blühen zu sehen, in lauwarmen Sommernächten am Lagerfeuer zusammenzusitzen und im Herbst lange Spaziergänge durch rot-braun-orange Wälder zu unternehmen.

Dieser Wohlfühl-Ratgeber ist eine Einladung, den Zauber im Alltag zu entdecken und die Augenblicke zu genießen, die man für Geld nicht kaufen kann.